ROZDZIAŁ 1. HANDEL ELEKTRONICZNY   (E-COMMERCE)   4

ROZDZIAŁ 2. TWORZENIE I SPRZEDAŻ E-BOOKÓW   25

ROZDZIAŁ 3. DROPSHIPPING   37

ROZDZIAŁ 4. INWESTOWANIE W KRYPTOWALUTY   54

ROZDZIAŁ 5. APLIKACJE NA TELEFON   75

ROZDZIAŁ 6. FREELANCING   93

ROZDZIAŁ 7. TWORZENIE I SPRZEDAŻ KURSÓW ONLINE   116

ROZDZIAŁ 8. AFFILIATE MARKETING   135

ROZDZIAŁ 9. ZAKŁADY BUKMACHERSKIE   145

ROZDZIAŁ 10. TWORZENIE I ZARZĄDZANIE KANAŁAMI NA YOUTUBE   180

WSTĘP

W obliczu dzisiejszego dynamicznego świata, w którym internet stał się nieodłącznym elementem życia społecznego i gospodarczego, poszukiwanie alternatywnych źródeł zarobku staje się nie tylko możliwe, lecz również niezwykle fascynujące. Ta książka, którą obecnie trzymasz w ręku, jest rezultatem mojej pasji do głębszego eksplorowania nieograniczonych możliwości, jakie oferuje nam globalna sieć. Jej treść stanowi zbiór inspirujących historii i doświadczeń osób, które wyłoniły się, jako czołowe postaci w rozmaitych dziedzinach, osiągając swój niekwestionowany sukces dzięki mądrze wykorzystanemu potencjałowi internetu.

Podczas przemierzania stron tej książki, drogi czytelniku, odkryjesz dziesięć niezwykle fascynujących metod zarabiania w internecie. Są to nie tylko ścieżki prowadzące do generowania dochodu, lecz także drzwi otwierające przed Tobą nowe, nieodkryte perspektywy rozwoju zarówno zawodowego, jak i osobistego. Ten zbiór został zbudowany na fundamentach śledzenia życiorysów oraz działań ludzi niezwykle kreatywnych i konsekwentnych w swoich działaniach, które osiągnęły znaczący sukces w swoich dziedzinach, zdobywając uznanie i wpływ. Każda z opisanych w książce metod stanowi swoistą mapę, prowadzącą Cię przez labirynt internetowych możliwości. Bez względu na to, czy jesteś przedsiębiorcą, artystą, czy entuzjastą nowoczesnych technologii, w tym zbiorze odnajdziesz nie tylko inspiracje, lecz także praktyczne wskazówki i instrukcje, które pomogą Ci rozwijać umiejętności, budować markę osobistą i zdobywać finansowy sukces online.

Zapraszam Cię do przekroczenia granic tradycyjnych ścieżek zawodowych i pozwolenia tej książce stać się dla Ciebie przewodnikiem po fascynującym świecie internetowej przedsiębiorczości. Czy jesteś gotów na podróż, która nie tylko odmieni Twoje podejście do zarabiania, lecz również otworzy przed Tobą drzwi do tajemnic sukcesu w erze cyfrowej? Nadszedł czas, abyś rozpoczął odkrywanie tej niezwykłej podróży! Przedstawione przeze mnie metody zarabiania w internecie są aktualne na rok 2023 i oparte na najnowszych trendach i technologiach. W każdym z dziesięciu rozdziałów tego e-booka przedstawię Ci konkretną metodę zarabiania, czyli, w jaki sposób ją rozpocząć, jakie czekają Cię zarobki, jakie są przykładowe pomysły rozwinięcia tej metody, oraz jak pielęgnować te biznesy. Ważne jest, abyś pamiętał, że sukces w zarabianiu online nie przychodzi sam z siebie. Wymaga to zaangażowania, ciężkiej pracy, (ale przede wszystkim mądrej), systematyczności i nieustannego doskonalenia

2

swoich umiejętności. Nie ma jednej magicznej formuły, która gwarantuje natychmiastowy sukces. Jednak, jeśli będziesz konsekwentnie działać i wykorzystywać w pełni potencjał każdej z przedstawionych metod, możesz osiągnąć wolność finansową.

Podsumowując, w tym e-booku przedstawiam Ci dziesięć sprawdzonych metod zarabiania w internecie w 2023 roku. Wybierz metodę, która najbardziej Ci odpowiada i zacznij działać już dziś. Powodzenia w osiąganiu niezależności!

Rozdział 1. Handel elektroniczny (E-COMMERCE)

Handel elektroniczny, znany również, jako e-commerce (skrót od ang. electronic commerce), to proces zakupu i sprzedaży dóbr za pośrednictwem internetu. Obejmuje szeroki zakres działań, w tym elektroniczne transakcje finansowe, gromadzenie i wymianę danych biznesowych, a także wszystkie formy elektronicznego wykonania transakcji handlowych.

Jeśli jesteś właścicielem jakiegoś sklepu stacjonarnego, to masz juz produkt, którym handlujesz. Twoja droga jest o połowę bliżej do sukcesu, niż Ci zaczynający od zera. Jednak wróćmy do początku. Jednym ze sposobów na znalezienie popularnych produktów jest przeglądanie popularnych platform sprzedażowych, takich jak „amazon.com" czy „eBay.com". Te strony są doskonałym źródłem informacji na temat tego, jakie towary są najczęściej kupowane przez klientów. Można tam przejrzeć różne kategorie produktów i zobaczyć, które z nich cieszą się największym zainteresowaniem w obecnym czasie, albo też sprawdzić, jakie produkty są najczęściej oceniane i komentowane przez klientów. To pomoże zidentyfikować trendy i popularne produkty na rynku.

Innym sposobem na znalezienie popularnych produktów jest skorzystanie z narzędzi do badania rynku. Istnieje wiele narzędzi, a o to kilka z nich:

1. Analiza danych sprzedażowych: Narzędzia do analizy danych sprzedażowych, takie jak **SaleHoo**, **Jungle Scout** czy **Helium 10**, umożliwiają śledzenie trendów sprzedażowych, ocenę popularności produktów i analizę konkurencji na różnych platformach e-commerce, takich jak Amazon czy eBay. Oto kilka informacji na temat wybranych narzędzi..

SaleHoo:

Cel: SaleHoo to platforma, która pomaga przedsiębiorcom znaleźć dostawców hurtowych popularne produkty do sprzedaży.

Baza danych dostawców: SaleHoo zawiera obszerną bazę dostawców z różnych kategorii produktów.

Analiza trendów: Platforma oferuje narzędzia do śledzenia trendów rynkowych i popularności produktów.

Wsparcie społeczności: SaleHoo umożliwia użytkownikom wymianę doświadczeń i wiedzy w społeczności online.

Jungle Scout:

Cel: Jungle Scout jest narzędziem zaprojektowanym dla sprzedawców Amazon.

Śledzenie trendów: Jungle Scout pozwala analizować popularność produktów na platformie Amazon.

Badanie konkurencji: Użytkownicy mogą sprawdzać konkurencję i oceniać potencjalną rentowność produktu.

Estymacja sprzedaży: Narzędzie oferuje funkcję szacowania potencjalnych miesięcznych sprzedaży dla konkretnego produktu.

Helium 10:

Cel: Helium 10 to zestaw narzędzi do optymalizacji sprzedaży na Amazonie.

Badanie słów kluczowych: Helium 10 pomaga w identyfikacji skutecznych słów kluczowych dla produktów.

Analiza konkurencji: Użytkownicy mogą analizować działania konkurencji i dostosowywać swoje strategie.

Optymalizacja listy produktów: Narzędzie wspomaga optymalizację opisów produktów i listingów.

Jak korzystać z tych narzędzi?

- **Rejestracja i dostęp do narzędzi**: Zazwyczaj użytkownicy muszą się zarejestrować na platformie i uzyskać dostęp do narzędzi poprzez abonament.
- **Wyszukiwanie produktów**: Użytkownicy mogą używać narzędzi do przeszukiwania kategorii produktów lub wprowadzać konkretne słowa kluczowe.

- **Analiza wyników**: Po znalezieniu potencjalnych produktów, narzędzia dostarczają informacji na temat trendów, konkurencji, a także ocen sprzedaży i rentowności.
- **Badanie konkurencji**: Użytkownicy mogą analizować dane dotyczące konkurencyjnych produktów, oceniać ich popularność i strategie marketingowe.
- **Optymalizacja strategii**: Na podstawie zebranych danych, użytkownicy mogą dostosować swoje strategie, wybierać produkty z większym potencjałem sprzedaży, optymalizować listy produktów i dostosowywać ceny.
- **Wymiana doświadczeń**: W przypadku narzędzi takich jak SaleHoo, społeczność użytkowników może dzielić się doświadczeniami i wskazówkami dotyczącymi konkretnych produktów czy dostawców.

Narzędzia do analizy słów kluczowych, takie jak **Google Keyword Planner** czy **SEMrush**, mogą pomóc zidentyfikować popularne frazy wyszukiwania związane z daną kategorią produktów. To może dostarczyć informacji na temat tego, co aktualnie interesuje konsumentów.

2. Monitorowanie mediów społecznościowych: Narzędzia do monitorowania mediów społecznościowych, np. **Brandwatch** czy **Hootsuite**, pozwalają na śledzenie trendów i opinii konsumentów na platformach społecznościowych. To kolejny sposób, aby zobaczyć jakie produkty są obecnie popularne.

Brandwatch:

Cel: Brandwatch to narzędzie analizy mediów społecznościowych, które umożliwia śledzenie w czasie rzeczywistym trendów, opinii i dyskusji na różnych platformach społecznościowych.

Monitoring w czasie rzeczywistym: Brandwatch pozwala na śledzenie w czasie rzeczywistym wzmianek o markach, produktach lub tematach na mediach społecznościowych.

Analiza sentymentu: Narzędzie ocenia ton wypowiedzi (pozytywny, negatywny, neutralny), co pozwala zrozumieć, jak klienci odbierają daną markę czy produkt.

Śledzenie konkurencji: Brandwatch umożliwia monitorowanie aktywności konkurencji i porównywanie wyników z własnymi osiągnięciami.

Hootsuite:

Cel: Hootsuite to platforma do zarządzania mediami społecznościowymi, oferująca narzędzia do planowania, monitorowania i analizy kampanii na różnych platformach.

Planowanie i harmonogramowanie postów: Hootsuite pozwala użytkownikom planować i harmonogramować treści na różnych mediach społecznościowych z wyprzedzeniem.

Monitorowanie: Narzędzie umożliwia monitorowanie wzmianek o marce czy produkcie na różnych platformach społecznościowych w jednym miejscu.

Analiza wyników: Hootsuite dostarcza analizy wyników kampanii, takie jak zaangażowanie użytkowników, liczba kliknięć czy popularność postów.

Zarządzanie wieloma kontami: Umożliwia obsługę kilku kont na różnych platformach społecznościowych z jednego miejsca.

Jak korzystać z tych narzędzi:

- **Rejestracja i konfiguracja konta**: Użytkownicy muszą zarejestrować się na platformie i skonfigurować swoje konta, dodając konta społecznościowe, które chcą monitorować lub zarządzać.

- **Ustawienia monitorowania**: W przypadku narzędzi takich jak Brandwatch, użytkownicy określają słowa kluczowe, marki czy produkty, które chcą monitorować. Hootsuite umożliwia planowanie postów i monitorowanie zaangażowania.

- **Analiza danych**: Użytkownicy przeglądają zgromadzone dane, takie jak ilość wzmianek, sentyment, trendy i inne istotne informacje.

- **Reagowanie na feedback**: Na podstawie zebranych informacji użytkownicy mogą dostosować swoje strategie marketingowe, reagować na opinie klientów i monitorować, jakie produkty czy kampanie są obecnie popularne.

- **Raportowanie**: Zarówno Brandwatch, jak i Hootsuite oferują funkcje raportowania, umożliwiające użytkownikom prezentację wyników działań na mediach społecznościowych w klarowny sposób.

3. Badania konkurencji: Narzędzia do analizy konkurencji, takie jak **SpyFu** czy **Ahrefs**, mogą pomóc w zrozumieniu, które produkty są popularne u konkurencji i jakie strategie marketingowe są skuteczne. Poniżej przedstawiam ogólne kroki, jakie możesz podjąć, korzystając z tych narzędzi:

SpyFu:

Badanie słów kluczowych:

- Zidentyfikuj główne słowa kluczowe używane przez konkurentów.
- Sprawdź, które słowa kluczowe generują najwięcej ruchu na ich stronie.

Analiza reklam:

- Sprawdź, jakie reklamy są aktualnie używane przez konkurentów.
- Oceń skuteczność ich kampanii reklamowych.

Śledzenie rankingów:

- Monitoruj pozycje konkurentów w wynikach wyszukiwania dla ważnych słów kluczowych.
- Zobacz, czy mają tendencję do zyskiwania czy tracenia pozycji.

Historia domeny:

- Zorientuj się, jak długo konkurent istnieje online.
- Przejrzyj historię zmian w ich witrynie i strategii.

Ahrefs:

Badanie profilu linków:

- Sprawdź, skąd pochodzą linki prowadzące do witryny konkurencji.
- Oceń jakość tych linków.

Analiza treści:

- Zobacz, jakie treści generują najwięcej linków i społecznościowych interakcji.
- Ocenić, które treści są najbardziej popularne.

Badanie rankingów organicznych:

- Sprawdź, jakie słowa kluczowe generują ruch organiczny dla konkurencji.
- Porównaj swoje wyniki z wynikami konkurentów.

Monitorowanie zmian w treści:

- Zauważ, kiedy konkurenci wprowadzają nowe treści lub aktualizują istniejące.
- Analizuj, jakie zmiany wpływają na ich ruch organiczny.

Ogólne wskazówki:

1.Porównanie z własną strategią:

- Porównaj wyniki analizy konkurencji ze swoją własną strategią marketingową.
- Zidentyfikuj obszary do poprawy i możliwości wyprzedzenia konkurencji.

2. Śledzenie mediów społecznościowych:

- Monitoruj aktywność konkurentów na platformach społecznościowych.
- Zwróć uwagę na ich interakcje z klientami i trendy branżowe.

3. Badanie opinii klientów:

- Analizuj recenzje i opinie klientów na temat konkurencji.
- Zidentyfikuj mocne i słabe strony ich produktów lub usług.

4. Regularne aktualizacje:

- Analizuj konkurencję regularnie, ponieważ strategie i trendy w branży mogą się zmieniać.

Te narzędzia analizują dane z różnych platform sprzedażowych i dostarczają informacji na temat popularności produktów, ich sprzedaży i konkurencji. To pomoże w podjęciu decyzji dotyczących wyboru produktów do sprzedaży.

W przypadku, gdy na rynku istnieje duża konkurencja, warto rozważyć alternatywne podejścia. Można poszukać niszy na rynku, czyli grupy klientów, którzy są zainteresowani danym produktem, ale mają ograniczone możliwości wyboru. Innym podejściem jest koncentracja na dostarczaniu dodatkowych usług lub funkcji, które wyróżnią nasze produkty spośród konkurencji. Warto także rozważyć innowacyjne podejścia do promocji i budowy marki, które przyciągną uwagę klientów i pomogą osiągnąć sukces na konkurencyjnym rynku.

Nie można zapominać o tym, jak istotne jest zrozumienie preferencji klientów i dostosowanie swojej oferty do ich potrzeb. To kluczowy aspekt w biznesie e-commerce. Jednym ze sposobów osiągnięcia tego celu jest przeprowadzenie dogłębnych badań rynkowych i ankietowanie ich, aby pozyskać cenne informacje na temat preferencji i oczekiwań. Badania rynku mogą również pomóc w identyfikacji luk na rynku, czyli obszarów, w których istnieje zapotrzebowanie, ale brakuje odpowiednich produktów.

Ankietowanie klientów jest równie istotne, ponieważ pozwala na bezpośrednią komunikację z grupą docelową. Dzięki ankietom można uzyskać informacje na temat konkretnych preferencji klientów, ich oczekiwań odnośnie produktów i usług, a także feedback dotyczący dotychczasowych doświadczeń zakupowych. To z kolei umożliwia dostosowanie oferty do indywidualnych potrzeb klientów i budowanie długotrwałych relacji.

Kolejnym kluczowym elementem w prowadzeniu skutecznej działalności e-commerce jest dbałość o prezentację produktów. Wypadałoby zainwestować w wysokiej jakości zdjęcia produktów, które nie tylko przyciągną uwagę klientów, ale także pomogą im lepiej zrozumieć, jak dokładnie wygląda dany produkt. Fotografie produktów powinny być jasne, ostre, a także pokazywać produkt z różnych kątów, aby klient mógł go dokładnie obejrzeć przed podjęciem decyzji zakupowej.

Zdjęcia o dobrej jakości są kluczowe, ponieważ stanowią wizualny element przekazu, który może wpłynąć na decyzję klienta o zakupie. Jednak sama fotografia nie zawsze wystarczy. Aby sprostać wymaganiom dotyczącym prezentacji produktów w e-commerce, istnieje wiele aplikacji i narzędzi, które mogą pomóc w tworzeniu wysokiej jakości zdjęć produktów. Oto kilka przykładów:

- **Adobe Photos, VSCO, Snapspeed, Fotor, Pixlr lub Lightroom**: Te profesjonalne narzędzia do edycji grafiki pozwalają na retuszowanie i poprawę jakości zdjęć. Możesz dostosować jasność, kontrast, ostrość i inne elementy, aby uzyskać najlepszy efekt wizualny.

- **Canva**: to narzędzie online, które oferuje szereg szablonów do projektowania grafiki, w tym zdjęć produktów. Jest przyjazne dla użytkownika, a jednocześnie pozwala na tworzenie estetycznych i profesjonalnych obrazów. Szczególnie wyróżniającą opcją tego programu jest dodana w 2023 roku możliwość generowania zdjęć z AI (sztuczną inteligencją). Polega to na wpisaniu tekstu (na przykład "szary kot biegnący po drewnianym moście") i w kilka sekund wygeneruje nam świetnej jakości grafikę, którą niejeden grafik tworzyłby wiele godzin.

- **GIMP**: to darmowe oprogramowanie do edycji grafiki, które oferuje zaawansowane funkcje podobne do Adobe Photoshop. Jest to bardziej zaawansowane narzędzie, które może być przydatne dla tych, którzy potrzebują bardziej zaawansowanej edycji.

Pamiętaj, żeby nie tylko korzystać z narzędzi do edycji, ale także dbać o dobrą jakość wyjściową zdjęć. Dobra jakość aparatu, odpowiednie oświetlenie i staranność w komponowaniu zdjęć są równie istotne jak późniejsza edycja.

Należy również zapewnić klientom istotne informacje o produktach, takie jak **dostępność i czas dostawy**. Klienci chcą wiedzieć, czy produkt, który zamawiają, jest dostępny na stanie, oraz kiedy mogą się spodziewać jego dostarczenia. Umieszczając te informacje obok opisu produktu, dajesz im pełną świadomość, co pozwala na uniknięcie nieporozumień i zwiększa zaufanie klienta do Twojego sklepu. Zapewnienie przejrzystych i dokładnych informacji o dostępności produktów oraz czasie dostawy pomaga uniknąć potencjalnych problemów. Ludzie często oczekują rzetelności i profesjonalizmu w tym zakresie.

System płatności stanowi kluczowy element w sklepie internetowym, który ma ogromny wpływ na komfort zakupów klientów. Warto zadbać o zaspokojenie różnych preferencji i potrzeb klientów. Oto kilka kluczowych aspektów związanych z systemem płatności w e-commerce:

1. **Różnorodność opcji płatności**: Zapewnienie klientom różnych opcji płatności może znacząco wpłynąć na zadowolenie klientów i zwiększyć szanse na dokonanie zakupu. Oferowanie płatności kartą kredytową, przelewem bankowym, płatnościami mobilnymi oraz ewentualnie płatnościami na odbiór osobisty lub za pobraniem daje klientom swobodę wyboru.

2. **Bezpieczeństwo płatności**: Zapewnienie bezpiecznego i szyfrowanego połączenia podczas procesu płatności jest niezbędne, aby chronić dane klientów przed potencjalnymi zagrożeniami. Wykorzystywanie certyfikatów SSL oraz zabezpieczeń płatności online pozwala na budowanie zaufania klientów i minimalizację ryzyka utraty danych.

3. **Transparentność kosztów transakcyjnych**: Klienci cenią sobie przejrzystość w kwestii kosztów transakcyjnych. Należy jasno przedstawić wszelkie opłaty związane z wybraną metodą płatności, w tym prowizje, opłaty manipulacyjne czy podatki. To pozwala uniknąć nieporozumień i sprawia, że klienci czują się pewnie dokonując zakupów.

4. Szybkość i wygoda płatności: Proces płatności powinien być intuicyjny, prosty i szybki. Długotrwałe i skomplikowane procedury płatności mogą zniechęcać i prowadzić do porzucenia koszyka zakupowego. Dobrze jest zatem zapewnić płatności jednym kliknięciem lub zapisane dane karty kredytowej, co przyspieszy proces zakupów.

5. Integracja z systemem sklepowym: System płatności powinien być bezproblemowo zintegrowany z systemem sklepowym, co pozwoli na automatyczne potwierdzenie zamówienia po dokonaniu płatności. Uniknie się w ten sposób konieczności ręcznego przetwarzania zamówień, co zwiększa efektywność procesu.

Warto inwestować w system płatności i zadbać o wszystkie te aspekty, aby zapewnić klientom wygodę i bezpieczeństwo w procesie zakupów. Kiedy klienci czują się pewnie i komfortowo dokonując płatności, zwiększa to szanse na lojalność i powtarzające się zakupy, co przyczynia się do sukcesu w e-commerce.

- No dobra, ale jak stworzyć taką stronę internetową? Ja się na tym nie znam...

Nic z tych rzeczy! To już nie te czasy, żeby trzeba było się na tym znać.

Kreator stron internetowych WebWave jest jednym z popularnych narzędzi do tworzenia stron internetowych, ale nie mogę jednoznacznie stwierdzić, że jest to "najlepszy" kreator, ponieważ ocena tego zależy od indywidualnych potrzeb i preferencji. Niemniej jednak, mogę przedstawić Ci ogólny przewodnik krok po kroku, jak stworzyć stronę internetową za pomocą tej strony.

Krok 1: Załóż konto na **WebWave**

Rozpocznij proces tworzenia strony internetowej, odwiedzając stronę główną (https://webwave.me/). Kliknij przycisk "Załóż konto" lub "Zarejestruj się", aby stworzyć darmowe konto użytkownika.

Krok 2: Wybierz projekt strony

Po zalogowaniu się do swojego konta, możesz wybrać projekt strony z dostępnych szablonów lub zacząć od zera, tworząc pustą stronę.

Krok 3: Projektowanie strony

Korzystając z interfejsu WebWave, możesz projektować stronę, przeciągając i upuszczając elementy, takie jak nagłówki, tekst, obrazy, przyciski, formularze itp. na swoją stronę. Edytuj treść i dostosuj wygląd elementów za pomocą narzędzi edycji, takich jak zmiana kolorów, czcionek i rozmiarów.

Krok 4: Dodawanie stron i sekcji

Możesz tworzyć różne strony i sekcje witryny, korzystając z opcji "Dodaj stronę" lub "Dodaj sekcję". To pozwoli na stworzenie bardziej rozbudowanej struktury strony.

Krok 5: Edycja zawartości

Dodawaj tekst, obrazy, filmy, mapy, formularze kontaktowe itp. na swojej stronie i dostosuj ich wygląd do swoich potrzeb.

Krok 6: Personalizacja wyglądu

Wybieraj odpowiednie kolory, czcionki i tła, aby dopasować stronę do swojej marki lub wizji projektu.

Krok 7: Własna domena

Jeśli chcesz używać własnej domeny, zarejestruj ją za pomocą WebWave lub podłącz już istniejącą domenę.

Krok 8: Publikacja strony

Gdy skończysz projektować swoją stronę, kliknij przycisk "Publikuj". Będzie ona dostępna online.

Krok 9: Testowanie i optymalizacja

Przetestuj stronę, upewniając się, że działa poprawnie na różnych urządzeniach i przeglądarkach. Optymalizuj ją pod kątem SEO, aby była widoczna w wynikach wyszukiwania.

Krok 10: Promocja

Po opublikowaniu strony, możesz rozpocząć jej promocję, np. za pomocą mediów społecznościowych, marketingu internetowego itp.

Dodatkowo od poniedziałku do piątku istnieje możliwość kontaktu na czacie, za pośrednictwem którego konsultanci rozwieją wszelkie wątpliwości, odpowiedzą na każde pytanie i nieporozumienie.

Ostatnią, innowacyjną opcją stworzenia strony internetowej na WebWave jest projektowanie za pomoca AI. Znowu ta metoda sztucznej inteligencji wyręcza nas z potrzeby posiadania jakichkolwiek umiejętności. Wystarczy napisać frazę, dajmy na to "Jestem fotografem i chce stworzyć swoje portfolio", a w kilka minut stworzy nam gotowy szablon pod który zostanie tylko uzupełnić własne materiały.

Podsumowując, WebWave jest jednym z wielu narzędzi do tworzenia stron internetowych, ale jego prosty interfejs i funkcje pozwalają na stworzenie witryny bez konieczności posiadania zaawansowanej wiedzy technicznej.

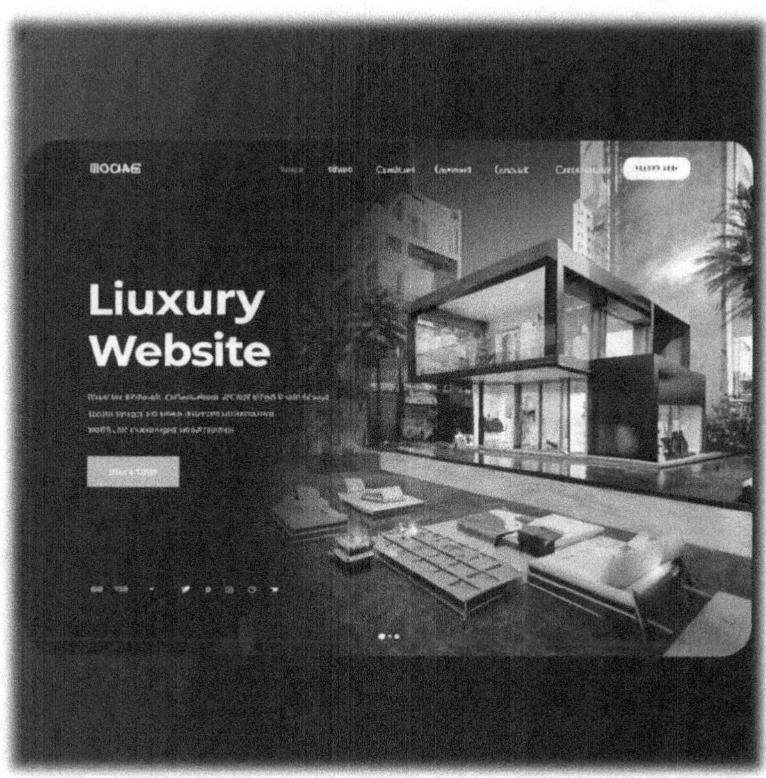

Po stworzeniu sklepu internetowego, wypadałoby zająć się jego promowaniem i dotarciem do potencjalnych klientów. Istnieje wiele strategii marketingowych, które można zastosować, aby zwiększyć widoczność sklepu i przyciągnąć klientów. Jedną z najpopularniejszych strategii jest marketing treści, czyli tworzenie wartościowych i interesujących treści, które przyciągną uwagę klientów i zachęcą ich do odwiedzenia sklepu.

Przykładami są blogi, artykuły, poradniki czy filmy, które będą związane z oferowanymi produktami i będą dostarczać wartościowych informacji dla klientów. Dzięki regularnemu publikowaniu takich treści, sklep może budować zaufanie klientów i ugruntować swoją pozycję jako źródło wartościowych informacji w danej branży. Skuteczną strategią jest również wykorzystanie mediów społecznościowych. Tworzenie profili sklepu na platformach Twitter czy LinkedIn pozwala na bezpośredni kontakt z klientami, udostępnianie nowości, promowanie produktów i organizowanie konkursów czy promocji. Oto kilka kroków, które można podjąć, aby wypromować post na przykład na różnych portalach:

1. Wybór docelowej grupy: Przed promowaniem posta zdefiniuj swoją docelową grupę odbiorców. Możesz określić wiek, płeć, zainteresowania i inne kryteria, aby dostosować promocję do konkretnego segmentu klientów.

2. Budżet i okres promocji: Określ, ile chcesz przeznaczyć na promocję posta i przez jaki okres czasu ma ona trwać. To pozwoli dostosować kampanię do dostępnych zasobów i celów.

3.Kreatywność i treść posta: Upewnij się, że post, który chcesz promować, jest atrakcyjny i ciekawy dla odbiorców. Dodaj atrakcyjny obraz lub wideo oraz treść, która przyciągnie uwagę i zachęci do interakcji.

4. Ustawienia promocji: W platformach społecznościowych znajdziesz narzędzia do promocji postów. Możesz określić, kiedy i gdzie chcesz, żeby twój post był wyświetlany. Przemyśl, jakie lokalizacje i godziny są najlepsze dla Twojej grupy docelowej.

5.Monitoring i optymalizacja: Po uruchomieniu kampanii monitoruj jej wyniki. Sprawdzaj liczbę wyświetleń, interakcji, kliknięć itp. Jeśli widzisz, że coś nie działa, bądź gotowy dostosować kampanię na podstawie danych.

6. Call to action: Nie zapomnij o jasnym i zachęcającym "Call to action" w treści posta. Może to być zachęta do odwiedzenia sklepu internetowego, zapisania się do newslettera, skorzystania z promocji itp.

7. Analiza wyników: Po zakończeniu kampanii analizuj wyniki i wyciągnij wnioski. Co działało najlepiej, a co można poprawić? To pomoże w doskonaleniu przyszłych działań marketingowych na mediach społecznościowych.

Pamiętaj również o tym, że nie zawsze trzeba polegać wyłącznie na płatnej promocji. Organiczny wzrost liczby obserwujących i interakcji na platformach społecznościowych jest równie ważny, dlatego regularna aktywność, odpowiedzi na komentarze i budowanie relacji z odbiorcami są kluczowe.

Ważne jest monitorowanie i analiza wyników działań marketingowych. Należy śledzić, jakie działania przynoszą najlepsze rezultaty i dostosować strategię marketingową w oparciu o te informacje. Korzystaj z narzędzi analitycznych, takich jak **Google Analytics**, aby śledzić ruch na stronie, konwersje i inne ważne wskaźniki.

Proces obsługi zamówień

Proces rozpoczyna się od **otrzymania zamówienia** od klienta. Skonfiguruj system sklepu internetowego w taki sposób, aby automatycznie generował powiadomienia o nowych zamówieniach. Skorzystaj z pomocy różnych narzędzi do zarządzania zamówieniami, takich jak systemy CRM (Customer Relationship Management) lub platformy e-commerce, które umożliwiają łatwe zarządzanie zamówieniami, śledzenie ich statusu i komunikację z klientami. Po otrzymaniu zamówienia przetwórz je jak najszybciej.

Sprawdzaj dostępność produktów i upewnij się, że są one gotowe do wysyłki. Jeśli produkt jest niedostępny, należy jak najszybciej skontaktować się z klientem i poinformować go o opóźnieniu lub zaproponować alternatywny produkt. Istotne, aby być transparentnym i komunikować się z klientem na bieżąco, aby uniknąć niezadowolenia i negatywnych opinii, które mogą się okazać strzałem w kolano.

Następny etap procesu to skrupulatne **przygotowanie zamówienia do wysyłki**, a ten krok wymaga szczególnej uwagi. Nie można przecenić znaczenia właściwego zapakowania produktów, aby zapewnić im maksymalną ochronę podczas transportu. W tej kwestii istnieje wiele rozwiązań, które pozwalają na zminimalizowanie ryzyka uszkodzeń.

Możesz zastosować różne materiały ochronne, takie jak folia bąbelkowa, solidne kartony o odpowiedniej wytrzymałości, wkładki ochronne, gąbki, pianki lub inne elementy, które doskonale zabezpieczą twoje produkty przed wszelkimi niepożądanymi wpływami podczas podróży. Nie tylko odpowiednie zabezpieczenie fizyczne jest ważne. Trzeba również upewnić się, że dołączasz do zamówienia wszystkie niezbędne dokumenty. Należy zapewnić klientowi pełną dokumentację związaną z transakcją, w tym fakturę, paragon, gwarancję lub instrukcje obsługi. To nie tylko przyspiesza proces obsługi klienta, ale także buduje zaufanie, gdy klient widzi, że firma dba o dostarczenie pełnej informacji.

Po udanym przygotowaniu przychodzi czas na jego **wysłanie do klienta**, a co za tym idzie - wybór odpowiedniej firmy kurierskiej. Wybierz taką firmę, która nie tylko oferuje atrakcyjne ceny, ale także zapewnia szybką i niezawodną dostawę. Przeprowadź analizę rynku i porównaj różne firmy kurierskie pod kątem ich usług i kosztów, aby wybrać najlepszą opcję dostawy, która sprosta oczekiwaniom klienta.

Kolejny apekt to **kontrola i monitorowanie przesyłki**. Klienci oczekują dostarczenia produktów w określonym terminie, dlatego przypilnuj, abyś miał pełny wgląd w status przesyłki i był w stanie dostarczyć klientowi regularne informacje na ten temat. Dzięki śledzeniu przesyłki klient będzie miał możliwość monitorować jej status i dokładnie wiedzieć, kiedy może się spodziewać dostawy. To podnosi poziom satysfakcji i tworzy pozytywne doświadczenie zakupowe.

Po udanej dostawie zamówienia, nie kończy się nasza rola w obsłudze klienta. W rzeczywistości, to właśnie teraz nadal możemy budować pozytywne relacje i zwiększać lojalność klientów. **Skontaktowanie się z klientem** po dostarczeniu zamówienia jest bardzo ważne, ponieważ daje szansę na upewnienie się, że jest on w pełni zadowolony z zakupu i obsługi, oraz zwiększa szanse na jego ponowny zakup. Jednym z doskonałych sposobów na to jest wysłanie e-maila z prośbą o opinię na temat produktu i całego procesu zamawiania. Pozytywne opinie, które zdobędziemy od klientów, stanowią cenne referencje, które możemy wykorzystać w przyszłości do promowania naszego sklepu internetowego lub produktów. To działa jak „słowo ustne" w świecie online, budując zaufanie potencjalnych klientów i przekonując ich do zakupu.

Nie tylko pozytywne opinie są cenne. Negatywne opinie również odgrywają ważną rolę. Pozwalają nam identyfikować obszary, które mogą wymagać poprawy w naszym biznesie. Dzięki negatywnym opiniom jesteśmy w stanie rozpoznać potencjalne problemy i podejmować działania naprawcze. To krok w kierunku doskonalenia naszych usług i produktów.

A może e-mailem?

Kampanie e-mailowe to jedno z najważniejszych narzędzi marketingowych w erze cyfrowego biznesu. Wysyłanie spersonalizowanych wiadomości e-mail do klientów, którzy wyrazili wcześniejsze zainteresowanie danym produktem lub usługą, ma ogromny potencjał zwiększenia szans na finalizację zakupu. Jednak skuteczność tych kampanii zależy od kilku kluczowych czynników.

Po pierwsze - **personalizacja** . Klienci chcą odczuć, że treść e-maila jest dostosowana do ich potrzeb i preferencji. Warto wykorzystać dane o klientach, takie jak ich zakupy wcześniejszych produktów czy przeglądane strony internetowe, aby dostarczać im spersonalizowane treści. Im bardziej wiadomość jest dopasowana do indywidualnych zainteresowań klienta, tym większa jest szansa na to, że przyciągnie jego uwagę. Jednak równie ważne jest, aby nie przesadzać z ilością wysyłanych wiadomości. Wysyłanie zbyt częstych e-maili może zirytować klientów i doprowadzić do tego, że zaczną odbierać je jako niechcianą pocztę. Dlatego należy dbać o to, aby kampanie były dostosowane do konkretnych okazji i potrzeb klientów, a nie wysyłać je w sposób uciążliwy.

Oprócz personalizacji i częstotliwości, treść e-maili ma ogromne znaczenie. Wiadomości muszą być wartościowe i interesujące dla odbiorców. Mogą zawierać informacje o nowych produktach, promocjach, poradach związanych z wykorzystaniem produktów czy ciekawe treści edukacyjne. Dzięki dostarczaniu wartościowych informacji, budujemy zaufanie klienta i zachęcamy go do dalszego zaangażowania. Wiadomości powinny być czytelne i atrakcyjne wizualnie. Dbałość o estetykę i czytelność treści kształtuje pierwsze wrażenie, jakie robi e-mail na odbiorcy. Zadbaj też o odpowiednie nagłówki, które skupiają uwagę oraz klarowne i wyraźne CTA (call to action), które kierują klienta do konkretnej akcji, takiej jak kliknięcie w link lub zakup.

Efektywnym zadaniem jest monitorowanie wyników kampanii e-mailowych, analizować wskaźniki, takie jak współczynnik otwarcia i klikalności, oraz dostosowywać strategię w oparciu o te dane.

- A te wszystkie sławy?

Współpraca z **influencerami** stanowi obecnie jedną z najskuteczniejszych strategii promocji produktów w handlu elektronicznym. Influencerzy, czyli osoby posiadające znaczną liczbę obserwujących na platformach społecznościowych, cieszą się ogromnym zaufaniem swojej publiczności. To właśnie działania barterowe z nimi mogą przynieść wiele korzyści dla firm działających online.

Jednym z najważniejszych atutów współpracy z nimi jest zwiększenie zasięgu marki. Posiadają często setki tysięcy lub nawet miliony obserwujących, co oznacza, że mogą dotrzeć do ogromnej liczby potencjalnych klientów. Dla firm e-commerce to szansa na dotarcie do nowych odbiorców i promocję swoich produktów w środowisku, które jest im bliskie i zaufane. Współpraca z nimi pozwala także na budowanie zaufania klientów. Obserwujący często traktują ich jako autorytet w danej dziedzinie, dlatego jeśli influencer poleca produkt lub usługę, jego rekomendacja jest odbierana jako wiarygodna i godna zaufania. To oznacza, że współpraca może pomóc w budowaniu pozytywnego wizerunku i przekonaniu o jakości oferowanych produktów.

Jeśli influencer rekomenduje produkt lub usługę swoim obserwującym, często prowadzi to do wzrostu sprzedaży. Warto tutaj zaznaczyć, że nie chodzi tylko o ilość sprzedanych produktów, ale również o jakość klientów, którzy zostają pozyskani dzięki niemu. Zazwyczaj są to lojalni klienci, którzy są bardziej skłonni do powtarzających się zakupów i polecania marki swoim znajomym.

Wybór odpowiednich sław jest kluczowy. Współpraca powinna opierać się na zgodności z wartościami i wizerunkiem marki. Wybierając osobę, należy również brać pod uwagę, czy jego publiczność jest odpowiednia i czy pasuje do grupy docelowej firmy. Tylko wtedy współpraca przyniesie zamierzony efekt.

Korzyści handlu elektronicznego

1. Dzięki rozwojowi technologii i internetu, handel elektroniczny stał się niezwykle popularny i powszechny. Jednym z największych atutów tego rodzaju działalności jest **możliwość pracy z dowolnego miejsca na świecie**. Niezależnie od tego, czy jesteś na wakacjach w egzotycznym kraju, czy podróżujesz po różnych miejscach, możesz nadal zarabiać pieniądze, korzystając z internetu. Nie musisz być przywiązany do biura czy tradycyjnych godzin pracy. Możesz pracować o dowolnej porze dnia i nocy, dostosowując się do swojego własnego harmonogramu. To szczególnie korzystne dla osób, które preferują pracę w nocy lub mają inne zobowiązania, które uniemożliwiają im pracę w tradycyjnych godzinach.

2. **Niskie koszty startowe** - w porównaniu do tradycyjnego biznesu, handel elektroniczny wymaga znacznie mniejszych kosztów startowych. Nie trzeba wynajmować fizycznego sklepu ani inwestować w duże ilości towaru na początku.

3. **Duży zasięg** - dzięki internetowi, sklep internetowy może dotrzeć do klientów z całego świata. To oznacza, że istnieje potencjał do osiągnięcia dużych zysków i zwiększenia sprzedaży.

4. **Możliwość skalowania biznesu** - handel elektroniczny daje możliwość łatwego skalowania biznesu. Jeśli sprzedaż rośnie, można łatwo zwiększyć ilość produktów i zatrudnić więcej pracowników, aby sprostać rosnącemu popytowi.

5. **Elastyczny czas pracy** - handel elektroniczny pozwala na elastyczne zarządzanie czasem pracy. Można pracować wtedy, gdy się chce i dostosować harmonogram do swoich potrzeb.

6. **Możliwość pasywnego dochodu** - jeśli sklep internetowy jest dobrze skonfigurowany i ma stałe źródło klientów, można osiągnąć pasywny dochód, czyli zarabiać pieniądze nawet wtedy, gdy się nie pracuje aktywnie.

Analiza danych pozwala na identyfikację trendów i preferencji klientów, co umożliwia dostosowanie oferty do ich potrzeb. Na przykład, jeśli dane wskazują, że większość klientów korzysta z urządzeń mobilnych, można zoptymalizować stronę internetową pod kątem responsywności i szybkości ładowania na smartfonach i tabletach. Powinna ona pomóc w identyfikacji problemów i błędów w procesie zakupowym. Jeśli dane pokazują, że wiele klientów rezygnuje z zakupów na etapie koszyka, można zbadać, dlaczego tak się dzieje i wprowadzić odpowiednie zmiany, aby zwiększyć konwersję.

Optymalizacja sklepu internetowego oparta na analizie danych obejmuje personalizację doświadczenia zakupowego. Na podstawie danych dotyczących preferencji klientów można dostosować rekomendacje produktów, oferty promocyjne i komunikację, aby zwiększyć zaangażowanie i lojalność klientów.

Analiza danych i optymalizacja pozwalają na lepsze zrozumienie klientów, dostosowanie oferty do ich potrzeb i zwiększenie konwersji. Regularne monitorowanie danych i dostosowywanie strategii na podstawie wyników analizy jest niezbędne, aby utrzymać konkurencyjność na rynku.

W świecie e-commerce istnieje wiele przykładów biznesów, które osiągnęły ogromny sukces. Oto kilka konkretnych przykładów…

- **Amazon:** jest jednym z największych i najbardziej udanych sklepów internetowych na świecie. Rozpoczął jako sklep z książkami, a następnie rozszerzył swoją ofertę na praktycznie wszystko, od elektroniki po żywność.
- **Alibaba:** chińska platforma e-commerce, która umożliwia firmom na całym świecie handel hurtowy. Platforma oferuje szeroki zakres produktów i usług.
- **eBay:** jest jednym z najbardziej znanych rynków internetowych, gdzie ludzie mogą sprzedawać i kupować zarówno nowe, jak i używane produkty.
- **Zalando:** niemiecka platforma e-commerce, która specjalizuje się w modzie i obuwiu. Działa w wielu krajach europejskich i zdobyła popularność dzięki szerokiemu wyborowi produktów.
- **Shopify:** oferuje narzędzia do zakładania sklepów internetowych dla przedsiębiorców. To narzędzie stało się nie tylko popularne wśród małych firm, ale również wspierało rozwój wielu dużych przedsiębiorstw.
- **Netflix:** chociaż nie jest tradycyjnym sklepem internetowym, jest przykładem sukcesu w

e-commerce. Jego model biznesowy oparty na subskrypcji przyczynił się do zmiany sposobu, w jaki konsumenci korzystają z treści multimedialnych.

- **JD.com:** chiński gigant e-commerce, który specjalizuje się w elektronice, ubraniach i artykułach gospodarstwa domowego. Oferuje szybką dostawę i wysoką jakość obsługi klienta.
- **ASOS:** brytyjski sklep internetowy z modą, który zyskał popularność dzięki szerokiemu wyborowi ubrań, obuwia i akcesoriów, a także atrakcyjnym cenom.
- **Etsy:** platforma e-commerce, na której artyści, rzemieślnicy i projektanci mogą sprzedawać unikatowe i ręcznie robione produkty.
- **Rakuten:** japońska platforma e-commerce Rakuten oferuje różnorodne produkty, w tym książki, elektronikę, odzież i wiele innych. Platforma ma globalne zasięgi, a także różnorodne usługi, w tym media strumieniowe i płatności online.

Te przykłady pokazują różnorodność branż i modeli biznesowych, ale także zdolność dostosowywania się do zmieniających się potrzeb konsumentów. Sukces w tym biznesie często wynika z dostarczania wartościowych produktów, oferowania wygodnych usług i skupiania się na doświadczeniu klienta.

PODSUMOWUJĄC..

Podążając ścieżką mądrości w handlu elektronicznym, zrozumienie, że to nie tylko transakcje, ale także budowanie relacji z klientami, stanowi kluczową różnicę między przeciętnym, a wyjątkowym sukcesem. Wykorzystując potęgę danych, przedsiębiorca elektroniczny może wnikliwie analizować preferencje klientów, dostosowując ofertę do ich oczekiwań. Inwestuj w nieustanne poszerzanie wiedzy i umiejętności, aby być na bieżąco z najnowszymi trendami.

Zakończenie rozdziału o handlu elektronicznym nie powinno być tylko punktem kończącym opis, ale raczej otwarciem drzwi do nieskończonego potencjału rozwoju. Sukces nie jest jednorazowym wydarzeniem, lecz rezultatem ciągłego doskonalenia i dostosowywania się do zmieniających się warunków rynkowych. Handel elektroniczny oferuje nieograniczone możliwości, a każdy etap tego nieustającego procesu stanowi szansę na naukę, rozwój i osiąganie nowych wysokości.

W świecie e-commerce, gdy zdobywamy doświadczenie i wdrażamy nowe strategie, nasza podróż staje się bardziej fascynująca. Pamiętajmy, że handel elektroniczny nie tylko zapewnia nam możliwość zarabiania, ale także otwiera przed nami drzwi do nowych idei, innowacji i inspiracji.

Rozdział 2. Tworzenie i sprzedaż e-booków

Ebook, czyli elektroniczna książka, to forma publikacji dostępnej w formie cyfrowej. Zamiast tradycyjnego druku na papierze, ebooki można czytać na różnych urządzeniach elektronicznych, takich jak czytniki, tablety, smartfony, komputery osobiste i inne. Książki te są zazwyczaj dostępne w formatach takich jak EPUB, MOBI, PDF lub innych, a ich treść może być czytana przy użyciu specjalnych programów do ebooków, które są dostępne na różnych platformach. Główne ich zalety to mobilność (możliwość przenoszenia wielu książek w jednym urządzeniu), dostępność (pobranie ich z internetu w dowolnym miejscu i czasie) oraz opcja dostosowywania czcionki, wielkości tekstu czy jasności ekranu do indywidualnych preferencji czytelnika.

W dzisiejszym cyfrowym świecie, tworzenie i sprzedaż e-booków stało się popularnym sposobem na zarabianie pieniędzy online. W tym rozdziale postaram się jak najbardziej przybliżyć Ci ten temat.

Tworzenie i sprzedaż e-booków może generować różne poziomy zarobków, a kwoty te są uzależnione od wielu czynników, takich jak jakość treści, popularność tematu i skuteczność działań marketingowych, co wpływa na liczbę sprzedanych egzemplarzy. Początkujący autorzy mogą średnio zarabiać od 500 do 2000 dolarów miesięcznie. Oczywiście, istnieje potencjał osiągnięcia znacznie wyższych dochodów, zwłaszcza dla autorów, którzy stworzą bestsellery, generując np. 100 000 sprzedanych egzemplarzy, co może przekładać się na milionowe zyski. Warto jednak pamiętać, że te kwoty są przybliżone i mogą się różnić w zależności od specyfiki każdej publikacji i strategii marketingowej. Jednakże bestsellery nie są zarezerwowane wyłącznie dla wyjątkowych poetów. Ty także możesz to osiągnąć i wytłumaczę Ci w jaki sposób!

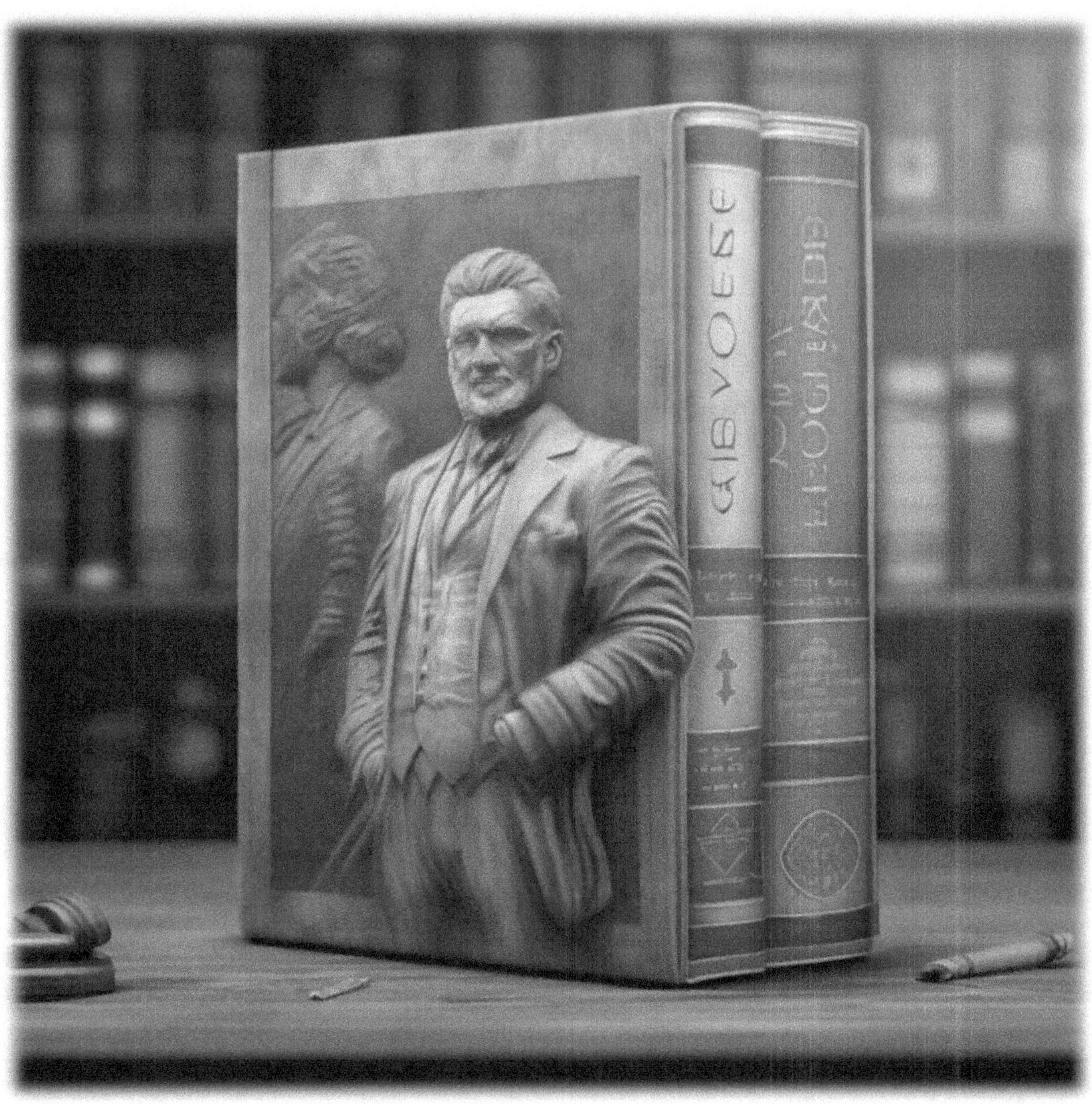

Zakres obowiązków

Pisanie e-booka to proces, który wymaga starannego planowania, badania i tworzenia treści o wysokiej jakości. Oto kilka kluczowych kwestii, które warto uwzględnić:

1. **Badanie tematu**: Rozpocznij od gruntownego badania tematu, który chcesz poruszyć w swoim e-booku. Zidentyfikuj kluczowe zagadnienia, trendy i informacje, które są istotne dla Twojej docelowej grupy czytelników.

2. **Definiowanie celów**: Zdefiniuj jasny cel e-booka. Czy ma on rozwiązywać konkretne problemy czytelników, dostarczać wiedzy eksperckiej, czy może być przewodnikiem po określonym obszarze tematycznym?

3. **Określanie docelowej grupy czytelników**: Precyzyjnie określ, dla kogo jest przeznaczony Twój e-book. Poznanie potrzeb i oczekiwań docelowej grupy czytelników pomoże dostosować treść do ich specyficznych potrzeb.

4. **Planowanie struktury**: Rozważ dokładną strukturę e-booka. Rozdziel go na rozdziały, sekcje i podrozdziały. Staranne ułożenie treści ułatwi czytelnikom nawigację i zrozumienie prezentowanych informacji.

5. **Sposób pisania**: Dopasuj styl pisania do charakteru Twojej tematyki oraz oczekiwań czytelników. Styl może być formalny, profesjonalny, luźny, a nawet pełen humoru, w zależności od specyfiki tematu i docelowej grupy odbiorców.

6. **Wartość dodana**: Staraj się dostarczać wartościową treść. Czytelnicy powinni odnieść korzyść z przeczytania Twojego e-booka, zdobywając nowe informacje, umiejętności czy perspektywy.

7. **Zastosowanie grafiki i ilustracji**: Warto rozważyć użycie grafiki i ilustracji, aby uatrakcyjnić treść. Diagramy, wykresy czy infografiki mogą pomóc w lepszym zrozumieniu prezentowanych danych.

8. **Edycja i korekta**: Po zakończeniu pisania poświęć czas na edycję i korektę tekstu. Dbaj o poprawność językową, klarowność myśli i spójność treści.

9. **Formatowanie i projekt graficzny**: Zadbaj o atrakcyjne formatowanie i projekt graficzny e-booka. Czytelnicy postrzegają treść jako bardziej profesjonalną, jeśli jest estetycznie zaprezentowana.

10. **Testowanie na beta czytelnikach**: Przed publikacją przetestuj e-book na grupie beta czytelników. Ich opinie i sugestie mogą pomóc w ulepszeniu treści przed oficjalnym wydaniem.

11. **Promocja i dystrybucja**: Po publikacji e-booka skoncentruj się na jego promocji. Wykorzystaj różne kanały, takie jak media społecznościowe, blogi branżowe, czy newslettery, aby dotrzeć do potencjalnych czytelników.

Edycja: Proces korekty e-booka jest niezwykle istotny, ponieważ pomaga poprawić wszelkie błędy gramatyczne, stylistyczne i logiczne, zapewniając ostateczną jakość treści. Zarówno profesjonalne usługi redaktorskie, jak i samodzielna korekta, mają swoje miejsce w tym procesie. Oto kilka wskazówek dotyczących bezbłędnej korekty oraz kilka popularnych narzędzi do edycji tekstu.

<h3 style="text-align:center">Samodzielna korekta:</h3>

- Po zakończeniu pisania e-booka, daj sobie czas na odpoczynek przed przystąpieniem do korekty. Świeże spojrzenie pozwoli dostrzec błędy, których wcześniej nie zauważyłeś.

- Sprawdź tekst pod kątem błędów gramatycznych, interpunkcyjnych i ortograficznych. Skorzystaj z narzędzi do sprawdzania pisowni, ale pamiętaj, że nie wszystkie błędy mogą być uchwycone przez automatyczne programy.

- Sprawdź spójność stylu i logiczność argumentacji. Upewnij się, że każdy akapit łączy się z poprzednim, a całość stanowi spójną narrację.

- Poproś innych osób o przeczytanie Twojego e-booka. Często inni widzą błędy, które Ci umknęły, i mogą dostarczyć wartościowe uwagi dotyczące treści i struktury.

- Przeczytaj e-book na głos. To pozwoli zidentyfikować błędy, które mogą umknąć podczas czytania w myślach. Ponadto, można zauważyć problematyczne obszary stylistyczne.

<h3 style="text-align:center">Narzędzia do korekty tekstu:</h3>

a. Grammarly,

b. Microsoft Word,

c. ProWritingAid,

d. Hemingway Editor,

e. Google Docs,

<h3 style="text-align:center">Profesjonalne usługi redakcyjne:</h3>

1. Zatrudnienie zewnętrznego redaktora jest świetnym pomysłem, jeśli masz budżet na profesjonalne usługi. Doświadczony redaktor może wykryć błędy, poprawić styl i dostarczyć konstruktywną krytykę.

2. Na platformach freelancerskich, takich jak Upwork czy Fiverr, można znaleźć doświadczonych redaktorów oferujących usługi korekty i redakcji tekstu.

Zarówno samodzielna korekta, jak i korzystanie z narzędzi online czy usług redaktorskich, mają swoje miejsce w procesie redakcyjnym e-booka. Kombinacja tych podejść może zapewnić kompleksową ocenę tekstu i doprowadzić do powstania ostatecznej wersji o najwyższej jakości.

Projektowanie okładki: Okładka e-booka jest pierwszym wrażeniem, które wywiera na potencjalnych czytelnikach. Należy zatem zaprojektować ją atrakcyjną i profesjonalną, aby przyciągnęła uwagę i chęć do zakupu. Projektowanie wymaga zrozumienia podstawowych zasad designu graficznego i umiejętności korzystania z odpowiednich narzędzi. Poniżej znajdziesz kilka kroków oraz sugestie dotyczące programów do projektowania, które mogą być użyteczne w procesie tworzenia atrakcyjnej okładki e-booka. Przed przystąpieniem do projektowania, zastanów się nad koncepcją. Określ główne tematy, kolory, oraz atmosferę, które chcesz przekazać czytelnikom.

- **Rozmiar okładki:** Sprawdź wymagania dotyczące rozmiaru dla platform, na których planujesz publikację e-booka (na przykład Amazon Kindle). Upewnij się, że rozmiar jest zgodny z wytycznymi, aby uniknąć problemów podczas publikacji.
- **Dobierz kolorystykę:** Wybierz paletę kolorów, która będzie odzwierciedlać tematykę i charakter treści e-booka. Stosuj kolory, które współgrają ze sobą i są czytelne.
- **Wybierz czcionki:** Dobierz odpowiednie czcionki dla tytułu, autora i innych elementów tekstu na okładce. Czcionki powinny być czytelne, ale także dostosowane do charakteru e-booka.
- **Zwróć uwagę na kompozycję:** Rozważ kompozycję elementów na okładce. Umieść ważne informacje, takie jak tytuł i autor, w miejscu łatwo zauważalnym. Uważaj, aby nie przeciążać okładki zbyt wieloma elementami.
- **Dodaj wizualne elementy**: Wprowadź wizualne elementy, takie jak grafiki, ilustracje, czy zdjęcia, które są związane z tematem e-booka. Unikaj zbyt kiczowatych lub przesadnie zatłoczonych kompozycji.
- **Użyj profesjonalnych zdjęć**: Jeśli korzystasz z fotografii, upewnij się, że są wysokiej jakości i profesjonalne. Unikaj korzystania z obrazów o niskiej rozdzielczości.
- **Korzystaj z warstw**: Jeśli używasz programów do projektowania graficznego, takich jak Adobe Photoshop, zaznajom się z techniką korzystania z warstw. To pozwala na łatwe dostosowywanie i edytowanie różnych elementów okładki.

Programy do projektowania okładek e-booka:

A. Adobe Photoshop

B. Canva to

C. GIMP

D. Inkscape

E. Book Brush

Pamiętaj, aby dostosować wybór narzędzi do swoich umiejętności i potrzeb projektu. Bez względu na narzędzie, kluczowe jest zrozumienie podstawowych zasad projektowania i dostosowanie okładki do charakteru oraz tematyki Twojego e-booka.

Marketing: Marketing e-booków to obszerny obszar, obejmujący różnorodne strategie i platformy. Najlepszym z pomysłów jest wystawienie na platformę Amazon KDP (ale o tym później). Tymczasem…

- Promuj e-book na własnej stronie internetowej, blogu, mediach społecznościowych i innych platformach. Twórz atrakcyjne wpisy, udostępniaj fragmenty, a także korzystaj z różnych form reklamy.
- Bierz udział w grupach dyskusyjnych i blogach, które są związane z tematyką Twojego e-booka. Buduj relacje z czytelnikami i innych autorami.
- Jeśli planujesz pisanie więcej e-booków, buduj markę autorską. Czytelnicy, którzy znają i cenią Twój styl, są bardziej skłonni sięgać po kolejne publikacje.
- Bierz udział w dyskusjach, dziel się wiedzą, a także uczestnicz w wydarzeniach literackich online.
- Przeglądaj e-booki konkurencji. Zrozum, co działa dobrze, a co można poprawić.
- Twórz listę subskrybentów i korzystaj z e-mail marketingu do informowania o nowych publikacjach, promocjach czy wydarzeniach związanych z Twoimi e-bookami.

Marketing to proces długofalowy. Wymaga cierpliwości, ciągłego monitorowania wyników i dostosowywania strategii.

A co jeśli powiedziałbym Ci, że jednak wcale to nie musi być trudne, czasochłonne i wymagające? Jesteśmy w stanie to zrobić… **w tydzień!**

W obecnych czasach, dzięki postępowi technologicznemu, mamy dostęp do zaawansowanych narzędzi, które umożliwiają tworzenie i publikowanie książek w sposób niezwykle prosty i efektywny. Dobrym przykładem jest chat GPT, czyli Generatative Pre-trained Transformer. To model uczenia maszynowego, który analizuje ogromną ilość tekstu i formułuje go według naszych wydanych wcześniej poleceń. Dzięki temu nie potrzebujemy posiadać wiedzy specjalistycznej, czy doświadczenia w pisaniu, aby uzyskać pełnowartościowy kontekst. Co jest jeszcze lepsze – to zupełnie darmowe! Wystarczy tylko skonstruować frazę, a komputer automatycznie wypełnić treść za nas. Przykład? Sprawdźmy!

„Wciel się w kucharza z wieloletnim doświadczeniem i napisz mi przepis na krem z dyni. Uwzględnij porcje na 4 osób" i naciskamy „wygeneruj"

Jaka uzyskamy odpowiedź w około 10 sekund? Zobaczcie sami!

„Oczywiście, oto przepis na pyszny krem z dyni na 4 osoby:

Krem z Dyni

Składniki:

- **500 g obranej i pokrojonej dyni (ścieranej na kawałki)**
- **1 duża cebula, drobno posiekana**
- **2 ząbki czosnku, posiekane**
- **2 marchewki, obrane i pokrojone**
- **1 ziemniak, obrany i pokrojony**
- **1 łyżka masła**
- **1 łyżka oliwy z oliwek**
- **1 l bulionu warzywnego**
- **1/2 łyżeczki cynamonu**
- **1/4 łyżeczki gałki muszkatołowej**
- **Sól i pieprz do smaku**
- **1/2 szklanki śmietany kremówki (opcjonalnie, do podania)**

Instrukcje:

1. **Na dużym garnku rozgrzej masło i oliwę na średnim ogniu. Dodaj posiekaną cebulę i czosnek, smaż przez 2-3 minuty, aż cebula będzie miękka i lekko złocista.**
2. **Dodaj obrane i pokrojone warzywa: dynię, marchewki i ziemniaka. Smaż przez kolejne 5 minut, mieszając od czasu do czasu.**
3. **Wlej bulion warzywny do garnka, dodaj cynamon i gałkę muszkatołową. Doprowadź do wrzenia, a następnie zmniejsz ogień i gotuj na wolnym ogniu przez około 20-25 minut, aż warzywa staną się miękkie.**
4. **Zmiksuj zupę za pomocą blendera na gładki krem. Jeśli chcesz uzyskać bardziej jedwabisty krem, przecedź go przez drobne sito.**
5. **Dopraw zupę solą i pieprzem do smaku. Jeśli konsystencja jest zbyt gęsta, możesz**

dodać trochę bulionu, aby ją rozrzedzić.

6. **Podawaj gorący krem z dyni, opcjonalnie podlewając każdą porcję łyżką śmietany kremówki i posypując odrobiną świeżo zmielonego pieprzu.**
Ten krem z dyni jest idealny na chłodniejsze dni i świetnie sprawdzi się jako przystawka lub lekki obiad. Smacznego!

Tak jak widać to na powyższym przykładzie, od najróżniejszych planów dzieli nas tylko i wyłącznie wyobraźnia. Innowacje technologiczne umożliwiają również łatwą edycję procesu i kontrolę tekstu. Należy także zwrócić uwagę na proces dystrybucji i publikacji, który został opublikowany i bardziej dostępny dzięki zastosowaniu postępu technicznego. W przeszłości, aby opublikować, autor był zmuszony do tradycyjnego wydania, co często wiązało się z wyzwaniami i odrzuceniem. Teraz, dzięki platformie self-publishingowej takiej jak **Amazon Kindle Direct Publishing (KDP)**, każdy aspirujący pisarz ma możliwość opublikowania swojego dzieła w formie e-booka lub druku.

Amazon KDP to jedna z najpopularniejszych platform self-publishingowych na świecie. Daje autorom niezależność i kontrolę nad publikacją. Oto kilka kroków, jak się tam poruszać:

- **Krok 1**: Zarejestruj się na Amazon KDP: Przejdź na stronę Amazon Kindle Direct Publishing (KDP) i zaloguj się na swoje istniejące konto lub utwórz nowe, jeśli jeszcze nie masz.
- **Krok 2**: Przygotuj swój ebook: Upewnij się, że jest w odpowiednim formacie, na przykład MOBI, EPUB lub PDF. Amazon preferuje format MOBI.
  - Utwórz atrakcyjną okładkę zgodną z wytycznymi Amazon. Możesz zatrudnić profesjonalnego projektanta okładek lub skorzystać z narzędzi do samodzielnego projektowania.
  - Stwórz krótki, ale przekonujący opis książki, który przyciągnie czytelników.
- **Krok 3**: Dodaj nowy tytuł: Kliknij na "Create a Kindle eBook" lub "Add a New Kindle eBook", aby rozpocząć proces dodawania nowego ebooka.
- **Krok 4**: Wypełnij informacje o książce
  - Podstawowe informacje: Wprowadź tytuł, autora, opis książki itp.
  - Wybierz odpowiednie kategorie dla swojej książki i dodaj słowa kluczowe, które pomogą czytelnikom znaleźć twoją książkę.

- Wybierz opcję KDP Select (opcjonalne): Możesz zdecydować się na udostępnienie swojej książki wyłącznie na platformie Amazon, korzystając z programu KDP Select. Oferuje to dodatkowe korzyści, ale ogranicza dostępność książki na innych platformach.

- **Krok 5**: Przygotuj plik ebooka: Wgraj swój sformatowany plik.

  - Skorzystaj z narzędzi podglądu online, aby upewnić się, że ebook wygląda zgodnie z oczekiwaniami.

- **Krok 6**: Ustaw cenę: Określ, czy chcesz ustawić cenę ręcznie, czy też skorzystać z opcji automatycznej, która dostosuje cenę do różnych regionów.

- **Krok 7**: Sprawdź wszystkie wprowadzone informacje.

  - **Publikuj!** Kliknij "Publish Your Kindle eBook", aby opublikować swoją książkę.

Zalety i wady Amazon KDP:

Zalety	Wady
Globalna dostępność - KDP umożliwia publikację ebooków na całym świecie, z dostępem do dużego rynku czytelników.	Egzemplarze ekskluzywne - Jeśli korzystasz z programu KDP Select, twoja książka nie może być dostępna na innych platformach.
Samodzielna kontrola - Autor ma pełną kontrolę nad procesem publikacji, w tym ceną, marketingiem i dostępnością.	Konkurencja - Z powodu ogromnej liczby dostępnych ebooków, trudniej może być wyróżnić się w tłumie.
Program KDP Select - Oferuje dodatkowe korzyści, takie jak możliwość udostępnienia ebooka w ramach subskrypcji Kindle Unlimited.	Zależność od platformy - Autorzy są uzależnieni od decyzji Amazon i mogą być podatni na zmiany w polityce platformy.

Amazon KDP to potężne narzędzie dla samopublikujących autorów, ale warto dokładnie przemyśleć swoje decyzje, zwłaszcza jeśli chodzi o udział w programie KDP Select. Tworzenie dobrej książki to proces, która wymaga zaangażowania autora i troski o jakość tekstu. Ten proces jest zupełnie legalny i dostępny dla każdego, co warto podkreślić jako niezwykle inspirujący fakt. Nie trzeba się martwić o specjalne zezwolenia czy licencje, aby rozpocząć swoją przygodę jako pisarz i publikować własne książki. Wystarczy jedynie odrobina kreatywności, odwagi, chęci do działania i gotowość do eksperymentowania. Dzięki współczesnym narzędziom, takim jak chatboty, na przykład chat GPT, oraz strony do tworzenia okładek, możemy spełnić nasze marzenia o osiągnięciu sukcesu w branży. Kto wie, może właśnie dzięki nim odnajdziemy się w świecie pisarstwa i osiągniemy sukces, zarówno artystyczny, jak i finansowy. Nie zapominajmy również o tym, że tworzenie książek to nie tylko sposób na zarobek czy zdobycie sławy. To również doskonała forma wyrażania siebie i dzielenia się swoimi myślami, historiami i emocjami z innymi ludźmi. Książka może być nośnikiem naszych najgłębszych przemyśleń, marzeń i doświadczeń. Warto podjąć wyzwanie i spróbować swoich sił w pisaniu. Nawet jeśli nie osiągniemy natychmiastowego sukcesu, to proces tworzenia i rozwijania się jako pisarz może być niezwykle satysfakcjonujący i inspirujący.

Oto przykłady bestsellerów, które podbiły świat:

"50-siąt twarzy Grey'a" autorstwa **E.L. James** - Ta książka stała się światowym bestsellerem i osiągnęła ogromny sukces komercyjny. Jest to erotyczna powieść z elementami romansu, która zyskała rozgłos przede wszystkim dzięki mediom społecznościowym i rekomendacjom czytelników. Autorce udało się uzyskać ogromną popularność, a seria "Fifty Shades" sprzedała się w milionach egzemplarzy na całym świecie.

"Harry Potter" autorstwa **J.K. Rowling** - Choć seria ta nie jest już nowością, warto wspomnieć o jej ogromnym sukcesie. Rowling stworzyła magiczny świat, który zdobył serca czytelników na całym świecie. Książki o Harrym Potterze stały się fenomenem kulturowym, przyniosły autorce ogromne zyski i zdobyły liczne nagrody.

"Kod Da Vinci" autorstwa **Dana Browna** - Książka ta zdobyła ogromną popularność dzięki kombinacji tajemniczego thrillera, historii sztuki i teorii spiskowych. Brownowi udało się połączyć elementy, które zainteresowały szerokie grono czytelników, co przyczyniło się do sukcesu komercyjnego tej książki.

Rozdział 3. Dropshipping

Dropshipping to model biznesowy, w którym sprzedawca nie przechowuje produktów w magazynie, ale przekierowuje zamówienia i szczegóły wysyłki do dostawcy lub producenta, który następnie bezpośrednio dostarcza produkty klientowi. W ramach tego modelu, sprzedawca nie musi inwestować w spore ilości magazynu ani utrzymywać dużej ilości produktów na stanie. Zamiast tego, skupia się na marketingu, sprzedaży i obsłudze klienta. Kiedy klient składa zamówienie, sklep internetowy przekazuje zamówienie dostawcy lub producentowi, który następnie wysyła produkt bezpośrednio do klienta. W rezultacie sprzedawca nie musi martwić się o magazynowanie, obsługę logistyczną ani wysyłkę, co może obniżać koszty i zminimalizować wszelkie ryzyko.

Wybór produktów to fundamentalny etap w rozpoczynaniu działalności w modelu dropshippingu. Przedsiębiorca stoi przed kluczowymi decyzjami, które zaważą na sukcesie jego przedsięwzięcia. Istnieje kilka czynników, które warto uwzględnić, aby dokładnie przemyśleć ten proces. Po pierwsze, przedsiębiorca musi zastanowić się nad rodzajem produktów, jakie chce sprzedawać. Może wybrać produkty związane z własną niszą rynkową, czyli dziedziną, w której czuje się dobrze i ma pewną wiedzę lub doświadczenie. Wybór produktów z własnej niszy może ułatwić zrozumienie potrzeb i preferencji klientów, a także pozwolić na budowanie autorytetu w danej dziedzinie. Jednak taka strategia może ograniczyć skalę biznesu, jeśli nisza jest wąska.

Co się dobrze sprawdza?

- **Edukacja** - Jeśli przedsiębiorca ma specjalistyczną wiedzę w danej dziedzinie, może spróbować sprzedawać edukacyjne produkty, takie jak e-booki, kursy online, czy poradniki. To świetny sposób na wykorzystanie własnej ekspertyzy i budowanie autorytetu.

- **Moda i dodatki** - Produkty modowe, takie jak biżuteria, okulary słoneczne, czy torebki, są często popularne w dropshippingu. Trendy w modzie zmieniają się szybko, co może stworzyć duże możliwości sprzedaży różnorodnych produktów.

- **Elektronika i gadżety technologiczne**: Małe elektroniczne gadżety, takie jak ładowarki bezprzewodowe, słuchawki, czy smartwatche, mogą być atrakcyjnymi produktami do dropshippingu. Klienci często szukają nowoczesnych rozwiązań i nowinek technologicznych.

- **Artykuły do domu i ogrodu**: Dekoracje wnętrz, meble ogrodowe, czy praktyczne gadżety do domu mogą znaleźć swoją publiczność w dropshippingu. Ponieważ są to często lekkie przedmioty, koszty wysyłki mogą być stosunkowo niskie.

- **Sport i rekreacja**: Sprzęt sportowy, ubrania sportowe, czy akcesoria do fitnessu mogą być popularne wśród osób aktywnych fizycznie. Sezonowe trendy sportowe mogą generować popyt na różnorodne produkty.

- **Produkty sezonowe**: Artykuły związane z określonymi sezonami, takie jak ozdoby świąteczne, kostiumy na Halloween, czy akcesoria plażowe, mogą być atrakcyjne ze względu na ich sezonowy charakter.

Istotną sprawą jest, aby przedsiębiorca analizował trendy rynkowe i zachowania konsumentów. Wysokiej jakości zdjęcia i opisy produktów są kluczowe dla przyciągnięcia klientów, ponieważ potencjalni nabywcy nie mogą fizycznie zobaczyć produktów przed zakupem. TO TWOJA WIZYTÓWKA. TO ONA PRZEDE WSZYSTKIM DECYDUJE O PODJĘCIU PIERWSZEGO KROKU KLIENTA. Warto również sprawdzić wiarygodność dostawców, aby uniknąć problemów z opóźnioną dostawą czy jakością produktów. Alternatywnie, przedsiębiorca może zdecydować się na produkty, które obecnie cieszą się ogromną popularnością na rynku. To podejście może przynieść większe zyski, ale wiąże się z konkurencją i ryzykiem, że trend na te produkty może szybko minąć. Dlatego istotne jest, aby być na bieżąco z trendami i przewidywać zmiany na rynku.

Następnie skup się na dokładnym zrozumieniu grupy docelowej. Przedsiębiorca musi wiedzieć kim są jego potencjalni klienci, jakie problemy chcą rozwiązać, jakie są ich preferencje i budżet. Wybór produktów, które spełniają potrzeby grupy docelowej, jest kluczowy dla sukcesu. Analiza rynku i badania konkurencji mogą pomóc w identyfikacji luk na rynku lub unikalnych cech produktów, które przyciągną uwagę klientów. Aby skutecznie identyfikować, weryfikować i przyciągać uwagę grupy docelowej, przedsiębiorca powinien przejść przez kilka kluczowych kroków:

Analiza demograficzna i psychograficzna:

Demografia: Zbieranie danych demograficznych, takich jak wiek, płeć, lokalizacja geograficzna, stan cywilny, poziom wykształcenia, może pomóc w stworzeniu ogólnego profilu grupy docelowej.

Psychografia: Zrozumienie wartości, stylu życia, zainteresowań, hobby, preferencji zakupowych i zachowań konsumenckich pomaga w bardziej głębokim zrozumieniu grupy docelowej.

Badanie potrzeb i problemów:

Przeprowadzanie badań rynkowych, ankiet, czy analizy konkurencji pozwala zidentyfikować główne potrzeby i problemy potencjalnych klientów. Oferowanie produktów lub usług, które rozwiązują te konkretne problemy, może przyciągnąć uwagę grupy docelowej.

Badanie rynku i konkurencji:

Analiza rynku pozwala zidentyfikować luki w ofercie produktów lub usług. Unikalność i innowacyjność mogą stanowić kluczowy element przyciągania uwagi grupy docelowej.

Wykorzystanie danych analitycznych:

Korzystanie z narzędzi analitycznych, takich jak Google Analytics czy analizy mediów społecznościowych, pozwala śledzić zachowania użytkowników online. To dostarcza cennych informacji na temat tego, jakie treści i produkty przyciągają uwagę.

Weryfikacja za pomocą testów i eksperymentów:

Testowanie różnych strategii marketingowych i ofert produktów pozwala zweryfikować, co najlepiej działa w przypadku konkretnej grupy docelowej. A/B testing, kampanie reklamowe, czy promocje mogą dostarczyć danych zwrotnych na temat preferencji klientów.

Tworzenie spersonalizowanej treści:

Dostarczanie treści, która jest dostosowana do potrzeb i zainteresowań grupy docelowej, może przyciągnąć ich uwagę. Spersonalizowane treści mogą obejmować artykuły, poradniki, wideo czy infografiki.

Używanie platform społecznościowych:

Badanie aktywności grupy docelowej na platformach społecznościowych pozwala dostosować strategię marketingową do preferencji danego medium. Reakcje na posty, komentarze i udziały dostarczają informacji zwrotnej.

Pamiętaj, że proces zrozumienia grupy docelowej to nieustanny cykl, który wymaga monitorowania zmian w preferencjach i zachowaniach klientów. Regularne aktualizacje i dostosowania strategii marketingowej to wymóg dla utrzymania skuteczności w przyciąganiu uwagi i zaspokajaniu potrzeb grupy docelowej. Uwzględniaj aspekty logistyczne i dostawców. Dropshipping polega na współpracy z dostawcami, którzy będą dostarczać produkty bezpośrednio do klientów. Wybór odpowiednich dostawców jest istotny dla zapewnienia szybkich i niezawodnych dostaw, co ma istotne znaczenie dla zadowolenia klientów.

Przedsiębiorca powinien dokładnie przemyśleć, czy chce skupić się na własnej niszy rynkowej czy na produktach o szerokim zasięgu, zawsze mając na uwadze zrozumienie grupy docelowej i konkurencji.

Aby rozpocząć przygodę, najlepiej powrócić do rozdziału pierwszego i założyć sklep internetowy. Sklep ten będzie głównym narzędziem, za pomocą którego przedsiębiorca zaprezentuje swoje produkty oraz przyciągnie potencjalnych klientów. Po stworzeniu strony, przedsiębiorca powinien zająć się projektowaniem i personalizacją sklepu. To oznacza dostosowanie wyglądu i struktury sklepu do własnej niszy rynkowej i marki. Nie zapomnij zadbać o responsywność, czyli dostosowanie sklepu do różnych urządzeń, takich jak komputery, smartfony i tablety.

Kolejnym krokiem jest optymalizacja sklepu pod kątem SEO (Search Engine Optimization). Dzięki odpowiedniej optymalizacji, sklep będzie lepiej widoczny w wynikach wyszukiwania w przeglądarkach internetowych, co pozwoli zwiększyć ruch organiczny. To oznacza dostosowanie treści, meta tagów, zdjęć i innych elementów, aby odpowiadały popularnym zapytaniom użytkowników. Następnie pamiętaj o zarządzaniu zawartością sklepu. Przedsiębiorca musi regularnie aktualizować ofertę produktową, monitorować dostępność produktów u dostawców i utrzymywać aktualne informacje na stronie. Systematyczne dodawanie nowych produktów i uaktualnianie opisów może przyciągnąć uwagę klientów i zachęcić ich do powrotu.

Sklep internetowy powinien także oferować wygodne metody płatności i dostawy, aby ułatwić klientom proces zakupów. Bezpieczeństwo transakcji online jest priorytetem, dlatego warto zainwestować w certyfikat SSL i inne środki zabezpieczające. Jakie metody są najbardziej pożądane? Dodanie różnych opcji płatności na stronę internetową zazwyczaj wymaga współpracy z dostawcami płatności oraz odpowiedniego dostosowania strony do integracji. Oto ogólne kroki dla każdej z opcji:

Karty Kredytowe/Debetowe:

- Współpraca z dostawcą płatności: Skontaktuj się z dostawcą płatności, takim jak **Stripe, PayPal** czy **Braintree**, aby utworzyć konto handlowe.
- Integracja API: Po utworzeniu konta handlowego, zintegruj odpowiednie API dostawcy płatności z systemem sklepu internetowego. Wiele dostawców oferuje dokumentację i

wsparcie techniczne.

- Dodanie opcji na stronie: Po pomyślnej integracji dodaj opcję płatności kartą kredytową/debetową na stronie płatności w trakcie procesu zakupowego.

Portfele Elektroniczne:

- Wybór portfela elektronicznego: Zdecyduj które portfele elektroniczne chcesz zintegrować, na przykład **PayPal**, **Apple Pay** czy **Google Pay**.

- Integracja na stronie: Dostosuj stronę płatności, aby umożliwić klientom wybór portfela elektronicznego. Skorzystaj z dostępnych API dostawców lub narzędzi zapewniających taką funkcjonalność.

- Testowanie: Przeprowadź testy, aby upewnić się, że płatności za pośrednictwem portfeli elektronicznych są obsługiwane poprawnie.

Przelewy Bankowe:

- Udostępnienie informacji: Udostępnij klientom niezbędne informacje do dokonania przelewu, takie jak numer konta bankowego, tytuł przelewu i inne.

- Potwierdzenie płatności: Skonfiguruj system, aby automatycznie potwierdzał płatności dokonywane przelewem, na przykład po zaksięgowaniu wpłaty na koncie bankowym.

- Informacje na stronie: Wprowadź informacje o płatnościach przelewem na stronie płatności, aby klienci mieli pełne zrozumienie procesu.

Płatności Ratalne:

- Współpraca z dostawcą płatności ratalnych: Skontaktuj się z dostawcą oferującym usługi płatności ratalnych i utwórz konto handlowe.

- Integracja API: Zintegruj API dostawcy płatności ratalnych z systemem sklepu internetowego. Dostawca powinien udostępnić odpowiednią dokumentację.

- Konfiguracja warunków: Skonfiguruj warunki płatności ratalnych, takie jak liczba rat, odsetki itp.

- Opcje na stronie: Dodaj opcje płatności ratalnej na stronie zakupów i informacje dotyczące warunków.

Pamiętaj, że procesy integracyjne mogą się różnić w zależności od dostawcy płatności oraz platformy sklepu internetowego. Regularne testuj i monitoruj działania opcji płatności dla zapewnienia płynnego procesu zakupowego dla klientów.

Integracja z dostawcami lub **hurtownikami** stanowi istotny filar w modelu dropshippingu, który odgrywa kluczową rolę w zapewnieniu sprawnego funkcjonowania całego przedsięwzięcia oraz zadowolenia klientów. To nie tylko techniczny aspekt, ale także strategiczny element, który ma wpływ na każdy etap procesu biznesowego.

1. **Automatyzacja procesu zamówień**: Integracja z dostawcami umożliwia przedsiębiorcy automatyczne przekazywanie zamówień do dostawcy w czasie rzeczywistym. Gdy klient dokonuje zakupu w sklepie internetowym, dane o zamówieniu są natychmiast przesyłane do dostawcy. To eliminuje potrzebę ręcznego przekazywania zamówień, co znacząco redukuje ryzyko popełnienia błędów i przyśpiesza proces obsługi zamówień. Dzięki temu, klient może otrzymać swoje produkty szybciej, co wpływa na pozytywne doświadczenie zakupowe.

2. **Śledzenie dostaw**: Integracja z dostawcami umożliwia monitorowanie statusu dostaw w czasie rzeczywistym. Przedsiębiorca ma wgląd w lokalizację i postęp dostawy każdego zamówienia, co pozwala na bieżące informowanie klientów o statusie ich przesyłki. Śledzenie dostaw to podstawa dla budowania zaufania klientów, ponieważ pozwala na zapewnienie im pełnej przejrzystości i kontroli nad swoimi zamówieniami.

3. **Dostępność produktów i ceny hurtowe**: Poprzez integrację z dostawcami przedsiębiorca ma dostęp do bieżących informacji dotyczących dostępności produktów i cen hurtowych. To pozwala na skuteczne zarządzanie ofertą produktową w sklepie internetowym. Przedsiębiorca może monitorować zmiany w asortymencie dostawcy i dostosowywać swoją ofertę na bieżąco. Ponadto, automatyczne aktualizacje cen pozwalają uniknąć problemów związanych z nieaktualnymi informacjami na stronie sklepu.

4. **Warunki wysyłki i polityka zwrotów**: Integracja z dostawcami ułatwia dostęp do informacji dotyczących warunków dostawy, opisów produktów, oraz polityki zwrotów. To ważne, aby przedsiębiorca mógł dostarczyć klientom kompleksową i dokładną informację na temat produktów i procesu zakupu. Dzięki temu można uniknąć nieporozumień i sporów z klientami, co ma znaczenie dla utrzymania dobrej reputacji.

5. **Zarządzanie stanem magazynowym**: Integracja z dostawcami pozwala na bieżące monitorowanie stanu magazynowego u dostawcy. To kluczowe, aby uniknąć sytuacji, w której klient dokonuje zakupu produktu, który jest już wyprzedany u dostawcy. Dzięki monitorowaniu stanu magazynowego, przedsiębiorca może aktywnie unikać problemów z tym związanych i zapewniać spójność między dostępnymi produktami, a ofertą w sklepie.

Automatyzacja procesu zamówień w ramach integracji z dostawcami jest niezbędna w dropshippingu. Znacząco przyczynia się do efektywności operacyjnej i poprawia jakość obsługi klienta. Ten aspekt ma ogromne znaczenie, zarówno dla przedsiębiorcy, jak i dla klientów, i warto dokładniej przyjrzeć się jego znaczeniu. Zatem zróbmy to!

1. **Szybkość i precyzja**: Automatyczne przesyłanie zamówień do dostawcy w czasie rzeczywistym eliminuje opóźnienia związane z ręcznym przekazywaniem zamówień. To oznacza, że w momencie, gdy klient dokonuje zakupu w sklepie internetowym, zamówienie jest już w drodze do dostawcy. Brak ręcznego przetwarzania zamówień przekłada się na znacznie

krótszy czas oczekiwania klienta na dostawę.

2. **Redukcja ryzyka błędów ludzkich**: Ręczne przekazywanie zamówień wiąże się z ryzykiem popełnienia błędów. Może dojść do pomyłek w danych zamówienia lub w wyborze produktu do wysłania. Automatyzacja procesu zamówień eliminuje ten rodzaj ryzyka, ponieważ dane są przekazywane elektronicznie, co znacząco obniża prawdopodobieństwo błędów.

3. **Skalowalność**: Gdy przedsiębiorca rozwija swój biznes dropshippingowy i zwiększa liczbę zamówień, ręczne przekazywanie zamówień staje się coraz bardziej pracochłonne. Automatyzacja procesu zamówień pozwala na skalowanie działalności bez konieczności zwiększania zasobów ludzkich do obsługi zamówień.

4. **Optymalizacja zapasów**: Integracja z dostawcami pozwala na bieżące monitorowanie dostępności produktów u dostawcy. Dzięki temu przedsiębiorca może uniknąć sytuacji, w której zamówi produkt, który jest już wyprzedany. To ma kluczowe znaczenie, aby zapewnić klientom dostępność produktów i uniknąć rozczarowania klientów związane z brakiem produktów na stanie.

5. **Klientocentryczność**: Automatyzacja procesu zamówień pozwala na skoncentrowanie się na obsłudze klienta. Zamiast poświęcać czas na ręczne przekazywanie zamówień i monitorowanie dostaw, przedsiębiorca może skupić się na dostarczaniu wyjątkowych doświadczeń zakupowych, obsłudze klienta i rozwijaniu swojego biznesu.

Śledzenie dostaw to kolejny element, a integracja z dostawcami umożliwia przedsiębiorcy bieżące monitorowanie statusu każdego zamówienia w czasie rzeczywistym. Nie tylko przekłada się to na efektywność operacji, ale również ma ogromne znaczenie dla zadowolenia i zaufania klientów. Przyjrzyjmy się bliżej, dlaczego śledzenie dostaw jest tak istotne.

1. **Bieżące informowanie klientów**: Klienci oczekują przejrzystości i aktualnych informacji na temat swoich zamówień. Dzięki śledzeniu dostaw, przedsiębiorca może dostarczyć klientom dokładne dane na temat lokalizacji i postępu dostawy ich zamówienia. Klienci mogą śledzić status swoich przesyłek online, co daje im poczucie kontroli i pewności.

2. **Reagowanie na ewentualne opóźnienia**: Pomimo staranności w planowaniu i obsłudze zamówień, czasami mogą wystąpić opóźnienia w dostawie spowodowane czynnikami

niezależnymi od przedsiębiorcy, takimi jak złe warunki pogodowe lub problemy logistyczne. Dzięki monitorowaniu dostaw, przedsiębiorca jest w stanie wykryć te opóźnienia w czasie rzeczywistym i poinformować klientów o ewentualnych problemach. To z kolei pozwala na proaktywne reagowanie i zapewnienie klientom informacji o nowym terminie dostawy.

3. **Budowanie zaufania klientów**: Śledzenie dostaw i dostarczanie klientom rzetelnych informacji na temat statusu zamówienia buduje zaufanie. Klienci doceniają transparentność i rzetelność, co pozytywnie wpływa na ich postrzeganie sklepu internetowego. Zaufanie klientów jest kluczowe w modelu dropshippingu, gdzie nie mają oni fizycznego kontaktu z produktami przed zakupem.

4. **Zarządzanie reklamacjami**: W przypadku, gdy dostawa opóźnia się lub występują problemy z przesyłką, śledzenie dostaw pozwala przedsiębiorcy skutecznie zarządzać reklamacjami. Z dokładnym zrozumieniem statusu każdej przesyłki przedsiębiorca może szybko i precyzyjnie reagować na ewentualne skargi klientów, co przekłada się na rozwiązanie problemów i utrzymanie zadowolenia klienta

5. **Doskonalenie procesów**: Analiza danych dotyczących dostaw może pomóc przedsiębiorcy w doskonaleniu procesów logistycznych i dostawy. Dzięki zebranym informacjom można zidentyfikować obszary, które wymagają usprawnienia, co może prowadzić do efektywniejszych operacji i obniżenia kosztów.

     Marketing i promocja - model dropshippingu, który pozwala przedsiębiorcy przyciągnąć uwagę potencjalnych klientów, zbudować rozpoznawalność marki oraz osiągnąć sukces w e-commerce. Po uruchomieniu sklepu internetowego, przedsiębiorca musi poświęcić uwagę różnym aspektom marketingowym i promocyjnym, aby dotrzeć do swojej grupy docelowej. Oto kilka kluczowych aspektów marketingu i promocji w kontekście dropshippingu:

1. **Reklama online**: Jednym z najważniejszych narzędzi promocyjnych jest reklama online. Przedsiębiorcy mogą korzystać z płatnych kampanii reklamowych na platformach takich jak Google Ads czy Facebook Ads, aby dotrzeć do potencjalnych klientów. Reklama online pozwala precyzyjnie targetować grupy odbiorców i efektywnie promować produkty.

2. **Media społecznościowe**: Obecność w mediach społecznościowych jest kluczowa.

Przedsiębiorcy mogą wykorzystywać platformy takie jak Facebook, Instagram, Twitter czy Pinterest, aby budować relacje z klientami, publikować treści związane z produktami i angażować swoją społeczność. Social media pozwalają na interakcję z klientami i budowanie rozpoznawalności marki.

3. **SEO (Optymalizacja pod kątem wyszukiwarek)**: Optymalizacja strony internetowej pod kątem wyszukiwarek (SEO) jest istotna, aby być widocznym w wynikach wyszukiwania. Optymalizacja treści, tagów meta, linków i innych elementów wpływa na pozycję strony w wynikach wyszukiwania, co może przyciągnąć organiczny ruch na stronę.

4. **Email marketing**: Tworzenie listy subskrybentów i wysyłanie regularnych newsletterów oraz ofert specjalnych może pomóc w utrzymaniu stałej relacji z klientami i przypomnieniu im o sklepie oraz dostępnych produktach.

5. **Programy partnerskie**: W ramach programów partnerskich przedsiębiorca może współpracować z blogerami, influencerami lub innymi stronami internetowymi, aby promować swoje produkty. To może pomóc w dotarciu do nowych grup odbiorców.

6. **Kampanie rabatowe i promocyjne**: Organizowanie kampanii rabatowych i promocji może zachęcić klientów do zakupów. To może obejmować wyprzedaże, kody rabatowe czy programy lojalnościowe.

7. **Analiza danych i optymalizacja**: Ciągłe monitorowanie i analiza efektywności różnych działań marketingowych jest niezbędne. Dzięki danym i analizie można identyfikować, które strategie przynoszą najlepsze wyniki i dostosowywać strategię marketingową w oparciu o te informacje.

Monitoruj wyniki!

Sukces w dropshippingu wymaga stałego monitorowania wyników i dostosowywania strategii. Przedsiębiorca powinien analizować, które produkty sprzedają się najlepiej, jakie strategie marketingowe przynoszą najlepsze rezultaty i jakie zmiany w ofercie są konieczne.

1. **Codzienne monitorowanie**:

Zamówienia i dostawy: Codzienne sprawdzanie zamówień i statusów dostaw pomaga szybko reagować na ewentualne problemy logistyczne.

Zapasy: Regularne monitorowanie stanów magazynowych pozwala uniknąć sytuacji, w której produkt jest niedostępny.

Obsługa klienta: Reagowanie na pytania i problemy klientów na bieżąco zwiększa satysfakcję klientów.

2. **Tygodniowe analizy sprzedaży**:

Najlepiej sprzedające się produkty: Sprawdzanie, które produkty cieszą się największym zainteresowaniem klientów, pozwala dostosować asortyment i skoncentrować się na najbardziej rentownych produktach.

Skuteczność kampanii marketingowych: Analiza wyników kampanii marketingowych co tydzień pozwala ocenić, które strategie przynoszą najlepsze rezultaty.

3. **Miesięczne analizy biznesowe:**

Rentowność: Miesięczna analiza rentowności pozwala ocenić, czy koszty operacyjne są utrzymywane na akceptowalnym poziomie.

Trendy rynkowe: Monitorowanie trendów rynkowych pomaga dostosować ofertę do zmieniających się preferencji klientów.

Analiza konkurencji: Regularna analiza konkurencji pozwala śledzić ich strategie i dostosować swoje działania.

4. **Kwartalne przeglądy strategii:**

Strategie marketingowe: Co kwartał warto ocenić skuteczność strategii marketingowych i dostosować plany, aby przyciągać nowych klientów.

Dywersyfikacja asortymentu: Rozważanie dodania nowych produktów lub usług do asortymentu, aby zaspokoić zmieniające się potrzeby klientów.

5. **Roczne podsumowanie**:

Bilans Finansowy: Roczne podsumowanie finansowe pozwala ocenić ogólną rentowność i zdolność do inwestycji w rozwój biznesu.

Baza klientów i lojalność: Analiza bazy klientów i działań związanych z ich lojalnością pomaga zidentyfikować obszary do poprawy.

Sposoby monitorowania:

- Korzystaj z narzędzi do **analizy danych**, aby śledzić wskaźniki kluczowe, takie jak konwersje, koszt pozyskania klienta, czy współczynnik zwrotów.

- Regularne zbieranie **opinii klientów** i **reagowanie na ich sugestie** pomaga utrzymać pozytywny wizerunek marki.

- **Monitoruj zmiany** w branży i **dostosuj strategię** do nowych trendów i technologii.

Koszta w dropshippingu mogą obejmować opłaty za platformę e-commerce, reklamy online, dostęp do narzędzi zarządzania stanem magazynowym, oraz inne koszty operacyjne. Warto dokładnie obliczyć koszty i przychody, aby upewnić się, że twój biznes będzie opłacalny. Oto przykładowe kwoty w tym modelu:

Platforma E-commerce:

Koszt: Opłata miesięczna lub roczna za korzystanie z platformy e-commerce, na przykład Shopify, WooCommerce, Magento, WebWave itp.

Przykład: **$29 - $199** miesięcznie w zależności od planu.

Domena i Hosting:

Koszt: Opłata za roczną rejestrację domeny i hosting dla strony internetowej.

Przykład: **$10 - $20** za rok dla domeny, **$5 - $35** miesięcznie za hosting.

Reklamy Online:

Koszt: Budżet reklamowy na kampanie PPC (Pay-Per-Click), na przykład na Facebooku, Instagramie, Google Ads.

Przykład: **$100 - $5, 000 miesięcznie** w zależności od zakresu kampanii i wybranych platform reklamowych.

Opłaty za Dostawę:

Koszt: Opłaty za dostawę od dostawcy do klienta.

Przykład: Zmienny koszt w zależności od wagi i odległości, na przykład **$2 - $5** za przesyłkę. (w 99% przypadków to klient opłaca dostawę, zatem możemy pominąć ten podpunkt).

Opłaty Transakcyjne:

Koszt: Opłaty za transakcje dokonywane za pośrednictwem bramki płatności.

Przykład: Zazwyczaj od 1% do 3% + stała opłata, na przykład **$0.30** za transakcję.

Narzędzia do Zarządzania Magazynem:

Koszt: Opłaty za narzędzia do zarządzania stanem magazynowym, takie jak Skubana, ShipHero, itp.

Przykład: Od **$50 - $200** miesięcznie, w zależności od funkcji i skali działalności.

Obsługa Klienta:

Koszt: Wynagrodzenie lub opłaty za obsługę klienta, zwroty i reklamacje.

Przykład: Zmienny koszt w zależności od skomplikowania obsługi klienta.

Certyfikat SSL i Zabezpieczenia:

Koszt: Certyfikat SSL i inne środki zabezpieczające dane klientów.

Przykład: Od **$10 do $20** rocznie, w zależności od dostawcy.

Poniżej znajdziesz przykładowe strony, które wykorzystują model dropshippingu:

AliExpress

AliExpress to chińska platforma e-commerce, na której setki tysięcy sprzedawców oferują produkty bezpośrednio od producentów. Wiele sklepów online korzysta z AliExpress do realizacji zamówień w systemie dropshippingu.

Amazon

Amazon, jedna z największych platform handlowych na świecie, umożliwia sprzedawcom korzystanie z programu Amazon FBA (Fulfillment by Amazon), gdzie zamówienia są realizowane z magazynów Amazona.

Shopify Stores

Wiele sklepów online korzysta z platformy e-commerce Shopify, która ułatwia zarządzanie sklepem, integrację z dostawcami dropshippingu, a także obsługę płatności.

DHgate

DHgate to chińska platforma, podobna do AliExpress, umożliwiająca zamawianie towarów bezpośrednio od producentów.

Oberlo

Oberlo to narzędzie stworzone specjalnie dla platformy Shopify, ułatwiające wyszukiwanie, dodawanie i zarządzanie produktami dostępnymi do dropshippingu z AliExpress.

Printful

Printful oferuje usługi dropshippingu w obszarze produktów z nadrukiem, takich jak odzież, gadżety i inne.

SaleHoo

SaleHoo to platforma, która łączy sprzedawców z dostawcami dropshippingu. Udostępnia bazę danych sprawdzonych dostawców i pomaga w zarządzaniu relacjami handlowymi.

Doba

Doba to platforma, która łączy sprzedawców z dostawcami, umożliwiając zamawianie produktów w systemie dropshippingu.

A na zakończenie – 5 dropshippingowych żartów!

1. - Dlaczego dropshipper nie robi zakupów w sklepach stacjonarnych?

- Bo dla niego wszystko jest out of stock!

2. - Dlaczego dropshipper jest świetnym detektywem?

- Bo w każdym momencie wie, gdzie przebywa jego paczka!

3. – Kiedy dropshipperzy idą na wakacje?

- Kiedy już wszystko zostało zamówione na Aliexpress i czekają na dostawę!

4. – Jaki jest ulubiony sport dropshippera?

- Bieganie po różnych platformach e-commerce, próbując znaleźć najniższą cenę!

5. - Dlaczego dropshipperzy są dobrzy w chowanego?

- Bo zawsze są dobrze ukryci w swoim domu!

Rozdział 4. Inwestowanie w kryptowaluty

Kryptowaluty to formy cyfrowego lub wirtualnego pieniądza, które są oparte na technologii kryptografii. Są to aktywa cyfrowe, które wykorzystują technologię blockchain do zabezpieczenia transakcji, zarządzania emisją nowych jednostek oraz sprawdzania autentyczności aktywów. Mogą być używane do różnych celów, takich jak dokonywanie płatności, przechowywanie wartości, udział w projektach zdecentralizowanych (DeFi), a także jako forma inwestycji. Jednak z uwagi na ich zmienność i ryzyko, inwestowanie w kryptowaluty wymaga ostrożności. W dzisiejszych czasach inwestowanie w nie stało się jednym z najbardziej dynamicznych i atrakcyjnych sposobów na osiąganie potencjalnie wysokich zarobków.

Czy pamiętasz czas, kiedy wchodził Bitcoin i kosztował jedynie 1 dolar? Chyba niejednokrotnie mowiono, że gdybyśmy wtedy nabyli go i sprzedali dzisiaj, bylibyśmy milionerami. Ta historia zaczyna się od zaledwie kilku groszy, a obecnie stanowi nieodłączną część rozmów o finansach i przyszłości pieniądza. W 2009 roku, pod pseudonimem Satoshi Nakamoto, tajemnicza postać (lub grupa osób) opublikowała biały papier opisujący koncepcję nowej formy elektronicznego pieniądza. Powstał Bitcoin, pierwsza kryptowaluta, która miała rewolucjonizować tradycyjny system finansowy.

Bitcoin pojawił się w czasach, gdy świat ledwie zaczynał zauważać potencjał technologii blockchain. To było początkowe stadium, a jego cena była symboliczna. Ci, którzy zdecydowali się na pionierskie inwestycje, zainwestowali w coś więcej niż tylko cyfrową walutę. Historia Bitcoina jest historią ekstremalnej zmienności. W ciągu kilku lat od początku istnienia, cena doświadczyła niezliczonych wzlotów i upadków. Ale właśnie w tej zmienności tkwiła szansa dla tych, którzy byli gotowi zaryzykować. Ci, którzy zdobyli go, gdy był wart jedynie kilka dolarów, byli świadkami niesamowitego wzrostu wartości. Z jednej strony, Bitcoin stał się symbolem wolności finansowej, dezentralizacji i niezależności od tradycyjnych instytucji finansowych. Z drugiej strony, stał się także obiektem spekulacji i dyskusji na temat przyszłości finansów.

Ci, którzy zainwestowali w Bitcoina we wczesnych latach jego istnienia, dziś mogą opowiadać niezwykłe historie. Z kilku dolarów stało się milionami, a nawet miliardami. Ale czy to tylko chwilowy fenomen, czy może znak przemian w globalnym systemie finansowym?

Bitcoin staje się częścią dziedzictwa, coś więcej niż tylko inwestycja. To ideologia, rewolucyjna koncepcja finansów, która zyskuje na znaczeniu w świecie zdominowanym przez centralizację i kontrolę. Jednak jednocześnie pozostaje obszarem niepewności, gdyż przyszłość rynku kryptowalut pozostaje nieprzewidywalna. Czy wartość Bitcoina nadal będzie rosnąć? Czy zobaczymy nowe rekordy cenowe, czy może Bitcoin osiągnie stabilność jako powszechnie akceptowana forma płatności? Czas pokaże. Jedno jest pewne: Bitcoin już teraz wpisał się na kartach historii finansów i ma potencjał, który trudno zignorować. Czy będziesz gotów zaryzykować, czy też pozostaniesz jedynie obserwatorem tej fascynującej podróży?

Głównym motorem napędowym zainteresowania inwestorów kryptowalutami jest możliwość osiągania znacznych zysków. Rynek kryptowalut, charakteryzujący się wysoką zmiennością cenową, daje inwestorom szansę na szybkie wzrosty kapitału. Świat kryptowalut oferuje ogromną różnorodność projektów, z których każdy posiada swoje unikalne cechy, technologie, cele i potencjał wzrostu. Poniżej przedstawiam szeroki przegląd różnych rodzajów kryptowalut, które stanowią atrakcyjne opcje inwestycyjne:

1. Bitcoin (BTC)

Chwile wcześniej omawiany przykład - stworzony przez osobę lub grupę Satoshi Nakamoto, jest pionierem w świecie kryptowalut. Jest to najstarsza i najbardziej rozpoznawalna kryptowaluta, która działa na zdecentralizowanej technologii blockchain. Bitcoin jest często traktowany jako forma cyfrowego złota, ze względu na swoją ograniczoną podaż (21 milionów BTC) i rolę rezerwy wartości.

2. Ethereum (ETH)

Ethereum jest platformą smart kontraktową, co oznacza, że pozwala na tworzenie i uruchamianie zdecentralizowanych aplikacji (DApps) oraz smart kontraktów. Ether (ETH) jest natywną kryptowalutą na tej platformie. Ethereum różni się od Bitcoina tym, że pozwala na programowanie niestandardowych funkcji w blockchainie, co otwiera drzwi do różnorodnych zastosowań, od finansów po gry.

3. Binance coin (BNB)

Binance coin to kryptowaluta stworzona przez giełdę kryptowalutową Binance. Początkowo służyła jako token do płacenia za opłaty transakcyjne na platformie Binance, ale w miarę rozwoju ekosystemu Binance, BNB znalazła zastosowanie w różnych obszarach, w tym w ICO (Initial Coin Offering), DeFi (finanse zdecentralizowane) i tokenizacji aktywów.

4. Cardano (ADA)

Cardano to platforma blockchain, której celem jest dostarczenie bardziej zdecentralizowanego i zrównoważonego ekosystemu smart kontraktów. ADA jest natywną kryptowalutą na platformie Cardano i ma na celu dostarczenie bardziej bezpiecznych i skalowalnych rozwiązań niż niektóre wcześniejsze projekty.

5. Polkadot (DOT)

Polkadot, stworzony przez współzałożyciela Ethereuma, Dr. Gavina Wooda, to platforma, która umożliwia interoperacyjność między różnymi blockchainami. DOT to kryptowaluta Polkadota, a projekt ten dąży do stworzenia bardziej elastycznego i zdecentralizowanego ekosystemu blockchainowego.

6. Ripple (XRP)

Ripple to zarówno kryptowaluta, jak i platforma płatnicza, która umożliwia szybkie i tanie przekazywanie środków na całym świecie. XRP, kryptowaluta Ripple, jest często stosowana w transakcjach międzynarodowych i ma na celu ułatwienie płatności instytucjonalnym oraz przyspieszenie rozliczeń.

7. Chainlink (LINK)

Chainlink to projekt z obszaru finansów zdecentralizowanych (DeFi), który dostarcza rozwiązanie oracle, pozwalające na łączenie kontraktów smart z danymi spoza blockchaina. LINK, kryptowaluta Chainlink, odgrywa kluczową rolę w ekosystemie DeFi, umożliwiając kontraktom smart dostęp do rzeczywistych danych.

8. Litecoin (LTC)

Litecoin to jedna z najstarszych kryptowalut, stworzona jako "srebrny" w stosunku do "złotego" Bitcoina. Jest często używana do szybkich transakcji i posiada pewne techniczne różnice w porównaniu z Bitcoinem, takie jak inny algorytm konsensusu.

9. Tezos (XTZ)

Tezos to blockchain, który umożliwia samoregulujące się smart kontrakty i protokół dla przekazów wartości. XTZ, kryptowaluta Tezos, odgrywa rolę w głosowaniach społecznościowych i finansowaniu projektów na platformie.

10. Uniswap (UNI)

Uniswap to protokół DeFi działający na blockchainie Ethereum, umożliwiający automatyczne i zdecentralizowane wymiany kryptowalut. Token UNI jest używany do zarządzania protokołem, głosowania społecznościowego i otrzymywania udziału w zyskach.

To tylko kilka przykładów spośród setek projektów kryptowalutowych. Dywersyfikacja portfela między różne typy kryptowalut może pomóc inwestorom zminimalizować ryzyko i maksymalizować potencjalne korzyści w dynamicznym świecie cyfrowym. Warto stale śledzić nowości w branży, aby dostosowywać portfel do ewoluującego rynku. Inwestowanie w kryptowaluty oferuje również elastyczność, którą trudno znaleźć w tradycyjnych formach inwestycji. Rynki działają przez całą dobę, przez siedem dni w tygodniu, umożliwiając inwestorom dostęp do transakcji w dogodnym dla nich czasie. Ponadto, możliwość inwestowania nawet niewielkich kwot sprawia, że rynek kryptowalut jest dostępny dla szerszego grona inwestorów.

Ryzyko, a potencjalne korzyści

Inwestowanie w kryptowaluty to nie tylko szansa na znaczne zyski. Niesie to również ze sobą pewne ryzyko, wynikające głównie z charakterystyki rynku kryptowalut. Zrozumienie tych aspektów jest kluczowe dla skonstruowania skutecznej strategii inwestycyjnej.

- Wysoka zmienność: Kryptowaluty są znane z wyjątkowej zmienności cenowej. Ceny mogą gwałtownie wzrosnąć, ale również równie szybko spaść. To oznacza, że inwestycje w kryptowaluty mogą być podatne na nagłe wahania rynkowe.

- Brak regulacji: Rynek kryptowalut jest w dużej mierze nieuregulowany, co niesie ryzyko związane z brakiem ochrony dla inwestorów. Brak regulacji może prowadzić do manipulacji rynkiem oraz pojawienia się nieuczciwych praktyk.

- Bezpieczeństwo technologiczne: Kwestie związane z bezpieczeństwem cybernetycznym stanowią istotne ryzyko. Ataki hakerskie na giełdy kryptowalutowe, portfele online czy projekty DeFi mogą prowadzić do utraty środków inwestorów

- Nowości technologiczne: Rynek kryptowalut jest pionierski, co oznacza, że innowacje technologiczne mogą przynosić zarówno korzyści, jak i ryzyko. Nowe technologie, takie jak smart kontrakty czy skalowalność, mogą być źródłem rewolucji, ale jednocześnie niosą ze sobą ryzyko nieprzewidzianych konsekwencji.

Sposoby na ulepszenie skuteczności inwestycji:

- Stała edukacja na temat kryptowalut, technologii blockchain i analiza bieżących trendów rynkowych są kluczowe dla podejmowania świadomych decyzji inwestycyjnych.

- Określenie klarownych celów inwestycyjnych oraz przyjęcie jasnej strategii, uwzględniającej tolerancję ryzyka, może pomóc inwestorom w podejmowaniu przemyślanych decyzji.

- Stosowanie narzędzi zarządzania ryzykiem, takich jak zlecenia stop-loss czy dywersyfikacja portfela, może zminimalizować potencjalne straty.

- Inwestorzy powinni podejść do inwestycji z pełną świadomością, unikając impulsywnych decyzji i podejmując decyzje na podstawie rzetelnej analizy.

- Regularne śledzenie wartości portfela, dostosowywanie strategii do zmieniających się warunków rynkowych i reagowanie na nowe informacje są kluczowe dla utrzymania skutecznej strategii inwestycyjnej.

Choć inwestycje w kryptowaluty niosą ze sobą pewne ryzyko, świadoma i dobrze przemyślana strategia inwestycyjna, wspierana ciągłą edukacją, może pomóc inwestorom maksymalizować potencjalne korzyści i minimalizować ryzyko. W kolejnych etapach analizy rynku i strategii transakcyjnych omówimy konkretne kroki, które mogą pomóc w ulepszeniu skuteczności inwestycji.

Zakres obowiązków

Inwestowanie w kryptowaluty to jednak nie tylko gra o potencjalne zyski. Aby odnieść sukces na tym dynamicznym rynku, inwestorzy muszą podejść do swoich obowiązków z pełnym zaangażowaniem.

Analiza rynku kryptowalut - wymaga zrozumienia różnorodnych czynników, które wpływają na ich wartość. Poniżej przedstawiam kilka kluczowych metod analizy rynku kryptowalut:

Analiza fundamentalna:	Zrozumienie technologii stojącej za daną kryptowalutą jest kluczowe. Jakie problemy technologiczne rozwiązuje? Jakie ma unikalne cechy?	Śledzenie fundamentalnych wydarzeń, takich jak aktualizacje kodu, współprace z firmami czy wprowadzenie nowych funkcji, może wpływać na	Sprawdzenie, kto stoi za projektem kryptowaluty, jakie ma doświadczenie i jaką wizję ma na przyszłość.

		cenę kryptowaluty.	
Analiza techniczna:	Analiza cenowa przy użyciu wykresów, formacji cenowych i wskaźników technicznych, takich jak RSI czy MACD, może dostarczyć informacji na temat trendów i potencjalnych punktów zwrotnych.	Rysowanie linii trendu na wykresie może pomóc w identyfikacji kierunku rynku.	Rozpoznawanie poziomów wsparcia i oporu na wykresie może pomóc zidentyfikować obszary, w których cena może odwrócić się.
Analiza sentymentu	Śledzenie dyskusji na platformach społecznościowych, takich jak Twitter czy Reddit, może dostarczyć informacji na temat sentymentu społeczności inwestycyjnej.	Istnieją wskaźniki, które monitorują sentyment inwestorów, na przykład Fear and Greed Index.	
Analiza makroekonomiczna	Zrozumienie ogólnych trendów makroekonomicznych, takich jak regulacje rządowe czy globalne zdarzenia gospodarcze, które mogą wpływać na cały rynek kryptowalut.		
Analiza ryzyka:	Nie kładź wszystkich jajek w jednym koszu. Dywersyfikacja portfela kryptowalut może pomóc zminimalizować ryzyko.	Określ, ile jesteś gotów zainwestować i utracić. Ustal strategię zarządzania ryzykiem, na przykład stosując zlecenia stop-loss.	
Badanie rynku ICO (Initial Coin Offering):	Przy zakupie nowej kryptowaluty wprowadzanej na rynek za pośrednictwem ICO, ważne jest gruntowne zbadanie projektu, zespołu, white paper i planu biznesowego.		

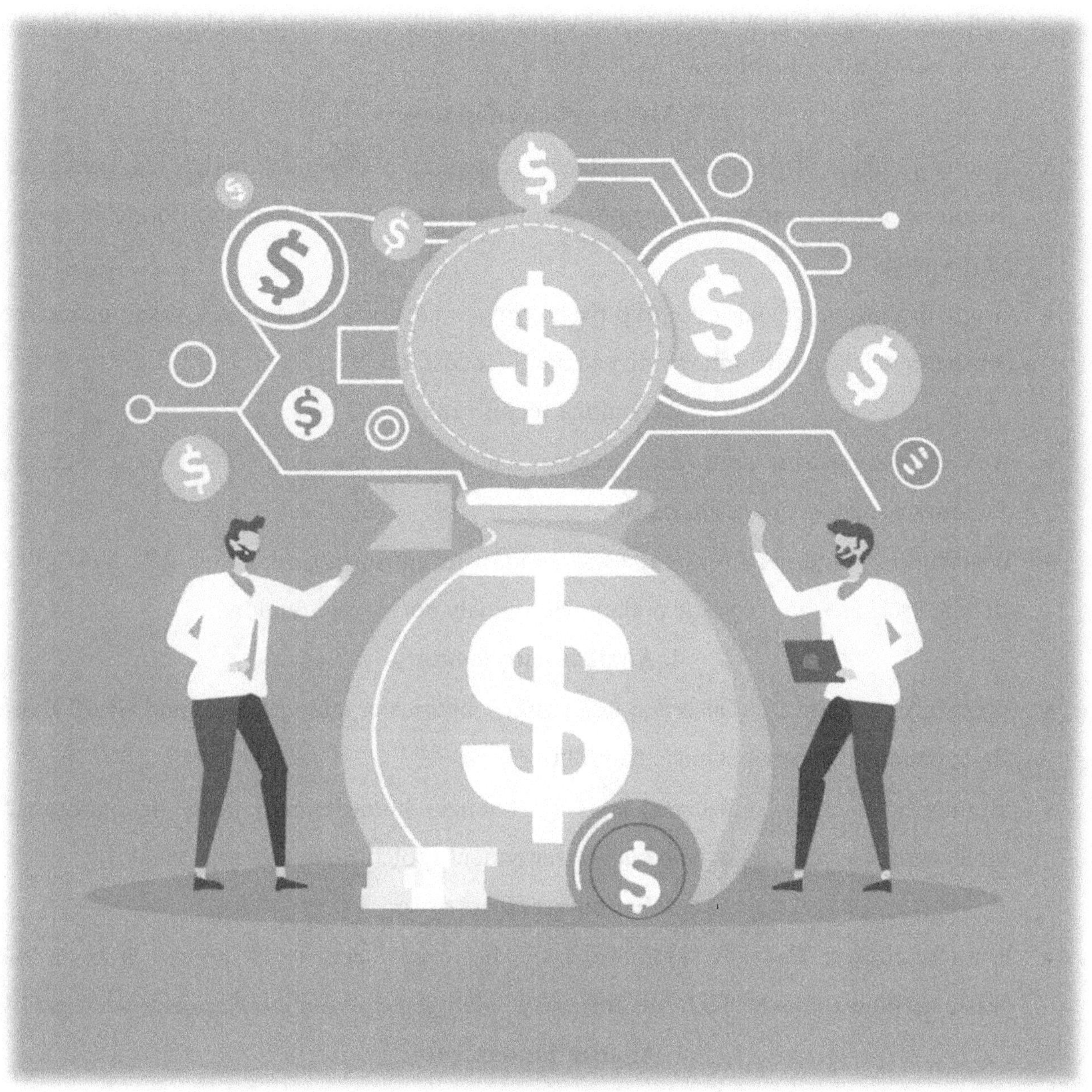

Reakcja na zmieniające się warunki rynkowe

Śledzenie trendów na rynku kryptowalut wymaga systematycznej analizy różnych źródeł informacji. Oto kilka skutecznych sposobów:

1. Platformy Informacyjne:

- Portale finansowe: Regularnie odwiedzaj wiadomości finansowe, aby być na bieżąco z ogólnymi trendami gospodarczymi, które mogą wpływać na rynki kryptowalut.

- Strony internetowe kryptowalut: Popularne strony internetowe, takie jak CoinMarketCap,

CoinGecko czy CryptoCompare, dostarczają aktualnych danych, w tym cen, kapitalizacji rynkowej i wolumenu obrotu.

2. Media społecznościowe:

- Twitter i reddit: Śledź dyskusje społecznościowe na platformach takich jak Twitter czy Reddit. Większość projektów kryptowalutowych aktywnie udostępnia informacje na tych platformach.

- Grupy dyskusyjne: Dołącz do grup dyskusyjnych na temat kryptowalut, gdzie inwestorzy i eksperci dzielą się swoimi spostrzeżeniami i analizami.

3. Analiza techniczna:

- Wykresy: Regularnie sprawdzaj wykresy cenowe kryptowalut. Zidentyfikuj kluczowe poziomy wsparcia, oporu i trendów.

- Wskaźniki techniczne: Korzystaj z wskaźników technicznych, takich jak RSI, MACD czy średnie kroczące, aby uzyskać dodatkowe sygnały dotyczące trendów.

4. Analiza sentymentu:

- Wskaźniki sentymentu: Obserwuj wskaźniki sentymentu, takie jak Fear and Greed Index, aby zrozumieć emocje panujące na rynku.

- Monitoring mediów społecznościowych: Analizuj komentarze i posty na platformach społecznościowych, aby ocenić ogólny sentyment społeczności inwestycyjnej.

5. Wiadomości branżowe:

- Prasa branżowa: Czytaj wiadomości specjalistyczne i analizy ekspertów w branżowej prasie kryptowalutowej. To może dostarczyć głębszego zrozumienia projektów i trendów.

6. Analiza fundamentu:

- White paper: Przeczytaj white paper każdej kryptowaluty, aby zrozumieć cel projektu, jego technologię i perspektywy rozwoju.

- Aktualizacje i ogłoszenia: Śledź oficjalne ogłoszenia, aktualizacje kodu i postępy projektów kryptowalutowych.

7. Webinaria i konferencje:

- Webinaria i konferencje online: Uczestnicz w webinariach i konferencjach online, aby wysłuchać prezentacji ekspertów i zespołów projektów kryptowalutowych.

8. Wskaźniki ekonomiczne:

- Wskaźniki makroekonomiczne: Zrozumienie ogólnych trendów gospodarczych, takich jak inflacja czy polityka monetarna, może pomóc w prognozowaniu kierunku rynków finansowych, w tym kryptowalut.

Narzędzia analizy technicznej i wykresowej

Analiza techniczna i wykresowa odgrywają kluczową rolę w zrozumieniu dynamiki rynku kryptowalut. To narzędzia pozwalają inwestorom i traderom podejmować bardziej świadome decyzje, opierając się na danych historycznych. W tym rozdziale przyjrzymy się kilku kluczowym narzędziom i technikom, które są popularne w analizie technicznej kryptowalut.

1. Candlestick Charts:

Candlestick charts to popularna forma wykresów przedstawiająca cenę otwarcia, zamknięcia, najniższą i najwyższą cenę w danym okresie.

Przykład: Spadająca świeca (czerwona) oznacza, że cena zamknięcia jest niższa niż cena otwarcia, a rosnąca świeca (zielona) oznacza, że cena zamknięcia jest wyższa niż cena otwarcia.

Korzyści: Candlestick charts ułatwiają identyfikację trendów, formacji cenowych i momentów przełomowych.

2. Wskaźniki techniczne:

RSI (Relative Strength Index):

Mierzy siłę i tempo zmiany cen. Wskaźnik RSI może pomóc zidentyfikować, czy dana kryptowaluta jest przekupiona (overbought) lub niedoceniona (oversold).

Przykład: RSI powyżej 70 sugeruje, że aktywa są przekupione, podczas gdy RSI poniżej 30 sugeruje, że są niedocenione.

MACD (Moving Average Convergence Divergence):

Mierzy różnicę między dwiema średnimi kroczącymi cen. Pomaga identyfikować zmiany trendu.

Przykład: Sygnał zakupu występuje, gdy linia sygnału przekracza linię MACD, a sygnał sprzedaży, gdy linia MACD przekracza linię sygnału.

3. Formacje wykresowe:

Formacje wykresowe to wzory, które pojawiają się na wykresie i mogą wskazywać na możliwe kierunki ruchu cen.

Przykład: Formacja "Głowy i Ramion" jest jednym z popularnych wzorów. Występuje po silnym wzroście i sygnalizuje potencjalne odwrócenie trendu.

4. Linie trendu:

Linie trendu pomagają identyfikować kierunek trendu cenowego. Mogą być używane do rysowania wsparcia i oporu.

Przykład: Linia trendu wzrostowego łączy niższe punkty, tworząc wsparcie, podczas gdy linia trendu spadkowego łączy wyższe punkty, tworząc opór.

5. Analiza poziomów wsparcia i oporu:

Analiza poziomów wsparcia (support) i oporu (resistance) pomaga zidentyfikować kluczowe obszary, w których cena może odwrócić się.

Przykład: Jeśli kryptowaluta wielokrotnie nie przekracza pewnego poziomu cenowego, można uznać ten poziom za silny opór.

6. Korelacje z wydarzeniami zewnętrznymi:

Śledzenie, jak wydarzenia zewnętrzne wpływają na rynek, może dostarczyć informacji na temat potencjalnych ruchów cenowych.

Przykład: Wprowadzenie regulacji rządowych może wpłynąć na wartość kryptowaluty.

Oto instrukcje, jak zacząć przygodę z inwestowaniem w kryptowaluty, używając jako przykładu popularnej giełdy kryptowalutowej, takiej jak **Coinbase:**

Krok 1: Wybierz giełdę kryptowalutową

- Przeprowadź badanie różnych giełd kryptowalutowych. Wartościowe informacje to opłaty transakcyjne, dostępność kryptowalut, bezpieczeństwo i interfejs użytkownika. W tym przykładzie wybierzmy **Coinbase** jako giełdę do zainwestowania w kryptowaluty.

Krok 2: Załóż konto na giełdzie

- Otwórz stronę internetową Coinbase (www.coinbase.com). Kliknij przycisk "Sign Up" (Zarejestruj się) i podaj wymagane informacje, takie jak imię, nazwisko, adres e-mail i hasło.

  Coinbase może wymagać weryfikacji tożsamości. Przesłanie kopii dokumentów tożsamości, takich jak dowód osobisty, może być konieczne.

Krok 3: Finansowanie konta

- Dodaj swoje konto bankowe do profilu na giełdzie, abyś mógł wpłacać i wypłacać środki. Przejdź do sekcji "Deposit" (Wpłata) i postępuj zgodnie z instrukcjami, aby wpłacić środki na swoje konto na giełdzie. Możesz to zrobić za pomocą przelewu bankowego lub kartą płatniczą.

Krok 4: Wybierz kryptowaluty do inwestycji

- Zazwyczaj giełdy oferują różne kryptowaluty. Przejrzyj dostępne opcje i zdecyduj, w które chcesz zainwestować. Po wpłaceniu środków na konto, przejdź do sekcji "Trade" (Handel) i zrealizuj zakup wybranej kryptowaluty.

Krok 5: Bezpieczeństwo i zarządzanie kontem

- Zabezpiecz swoje konto, włączając autoryzację dwuetapową (2FA), co dodaje dodatkową warstwę bezpieczeństwa.

  Warto zaznajomić się z funkcjami portfela na giełdzie, w tym z możliwością przechowywania kryptowalut w portfelu online giełdy lub transferu na portfele zewnętrzne.

Krok 6: Śledź rynek i edukuj się

- Regularnie sprawdzaj ceny kryptowalut i analizuj trendy rynkowe. Zapoznaj się z podstawowymi pojęciami, takimi jak blockchain, analiza techniczna i fundamentalna, aby lepiej zrozumieć rynek.

Krok 7: Zarządzaj ryzykiem i strategią inwestycyjną

- Ustal, ile gotów jesteś zainwestować, a co najważniejsze, ile jesteś gotów stracić.
  Określ swoje cele inwestycyjne i strategię, czy to krótkoterminowa spekulacja, czy długoterminowe inwestycje.

Krok 8: Przemyślane decyzje inwestycyjne

- Unikaj podejmowania decyzji inwestycyjnych pod wpływem emocji i pod presją rynku.
  Bądź na bieżąco z wiadomościami branżowymi i zdarzeniami makroekonomicznymi, które mogą wpływać na rynek kryptowalut.

Makler giełdowy

Makler to pośrednik finansowy, który umożliwia klientom dokonywanie transakcji na giełdzie. Jego głównym zadaniem jest dostarczenie klientom dostępu do rynków finansowych, takich jak giełda papierów wartościowych czy giełda kryptowalut, oraz realizacja ich zleceń transakcyjnych.

Jak znaleźć odpowiedniego maklera giełdowego?

Przed wyborem maklera przeprowadź dokładne badania rynku. Porównuj opłaty transakcyjne, dostępność instrumentów finansowych, narzędzia analityczne oraz opinie innych inwestorów.

Upewnij się, że makler jest odpowiednio zarejestrowany i regulowany przez właściwe organy nadzorcze. Certyfikacje, takie jak licencje maklerskie, świadczą o profesjonalizmie i zgodności z przepisami prawnymi.

Sprawdź, jaką ofertę obsługi klienta oferuje makler. Dostępność doświadczonych przedstawicieli obsługi klienta może być ważna, zwłaszcza dla mniej doświadczonych inwestorów.

Jak działa makler giełdowy?

Inwestor zakłada konto u wybranego maklera, dostarczając niezbędnych informacji, w tym danych osobowych, informacji finansowych i dokumentów identyfikacyjnych.

Makler może przeprowadzić analizę ryzyka, aby zrozumieć profil inwestycyjny klienta i dostosować strategię inwestycyjną do jego celów.

W oparciu o analizę i cele inwestycyjne, makler wspólnie z klientem ustanawia plan inwestycyjny, który obejmuje wybór instrumentów finansowych, strategii inwestycyjnych i poziomu ryzyka.

Makler przekazuje zlecenia transakcyjne klientów na giełdę. Może to obejmować zakup lub sprzedaż akcji, obligacji, kryptowalut i innych instrumentów finansowych.

Makler monitoruje na bieżąco portfel klienta, śledząc zmiany na rynkach finansowych i reagując na sytuacje wymagające uwagi.

W zależności od modelu biznesowego, niektórzy maklerzy oferują dodatkowe usługi doradztwa inwestycyjnego, dostarczając analiz rynkowych, raportów i rekomendacji.

Makler dostarcza klientowi raporty dotyczące transakcji oraz informacje potrzebne do przygotowania zeznań podatkowych związanych z dochodami kapitałowymi.

Przykłady maklerów giełdowych:

Maklerzy tradycyjni:	Maklerzy kryptowalutowi:
Przykład: Fidelity, Charles Schwab, E*TRADE Specjalizują się w obszarze tradycyjnych instrumentów finansowych, takich jak akcje, obligacje i fundusze inwestycyjne.	Przykład: Coinbase, Binance, Kraken Specjalizują się w obszarze kryptowalut, umożliwiając handel różnymi cyfrowymi aktywami.

Uratuj się przed tragedią…

Zlecenia stop-loss to narzędzie używane na giełdzie, które pomaga zminimalizować straty inwestycyjne, ustawiając określony poziom cenowy, po którego osiągnięciu zostaje automatycznie zrealizowana sprzedaż aktywów. W kontekście giełd kryptowalut, zlecenia stop-loss są szczególnie ważne ze względu na wysoką zmienność tych rynków. Zlecenie stop-loss to rodzaj zlecenia, które inwestor umieszcza na giełdzie, aby zabezpieczyć swoją pozycję przed gwałtownym spadkiem cen. Kiedy cena osiągnie określony poziom (stop price), zlecenie to zostaje automatycznie przekształcone w zlecenie rynkowe, co oznacza sprzedaż aktywów po najlepszej dostępnej cenie.

Poziomy zlecenia:

- Stop Price (Cena Stop): To cena, po której zlecenie staje się aktywne.
- Limit Price (Cena Limit): To minimalna akceptowalna cena sprzedaży po aktywacji zlecenia stop-loss. Jeśli cena spadnie poniżej tej wartości, zlecenie stop-loss zostanie zrealizowane po najlepszej dostępnej cenie.

Rodzaje zleceń stop-loss:

- Stop-Market Order: Zlecenie, które staje się rynkowym po osiągnięciu określonego poziomu ceny.
- Stop-Limit Order: Zlecenie, które staje się limitowym po osiągnięciu określonego poziomu ceny, wymagając jednocześnie określenia minimalnej akceptowalnej ceny sprzedaży.

Jak skutecznie używać zleceń stop-loss na giełdzie kryptowalut

Zdecyduj, jaką stratę jesteś gotów ponieść, i ustaw poziom stop-loss na odpowiedniej odległości od aktualnej ceny. Pamiętaj, że zbyt blisko umieszczone zlecenie może być przypadkowo zrealizowane przez krótkotrwałe ruchy cenowe. W przypadku kryptowalut, charakteryzujących się dużą zmiennością, ważne jest dostosowanie poziomu stop-loss do tej zmienności. Zbyt wąskie zlecenie może prowadzić do przypadkowej realizacji.

Regularnie aktualizuj poziomy zleceń w związku ze zmieniającymi się warunkami rynkowymi. Trzymaj się swojego planu inwestycyjnego, ale dostosowuj go w razie potrzeby.

Używaj różnych poziomów stop-loss w zależności od sytuacji rynkowej i strategii inwestycyjnej. Nie wszystkie pozycje muszą mieć identyczne zlecenia. Unikaj zbyt dużego skupiania się na jednej kryptowalucie. Różnorodność portfela może pomóc w zminimalizowaniu ryzyka związanego z jednym aktywem.

Bądź świadomy zbliżających się wydarzeń rynkowych, takich jak ważne ogłoszenia, zmiany w regulacjach czy tworzenie nowych projektów. Takie wydarzenia mogą znacząco wpłynąć na wartość kryptowalut. Zlecenia stop-loss są narzędziem zabezpieczającym, ale należy z nich korzystać z rozwagą. Należy pamiętać, że w warunkach giełdy o dużym wolumenie handlu i zmienności, zlecenia mogą nie zawsze być realizowane dokładnie w ustalonym poziomie ceny, dlatego istotne jest monitorowanie rynku i stosowanie zleceń stop-loss z umiarem.

Inwestycje krótkoterminowe:

Inwestycje krótkoterminowe obejmują kupno i sprzedaż aktywów w krótkim okresie, często w ciągu kilku dni, tygodni lub miesięcy.

Zalety:

- Potencjalnie szybkie zyski: Inwestorzy mogą korzystać z krótkoterminowych zmian cen, aby osiągnąć szybkie zyski.
- Wykorzystanie zmienności: Krótkoterminowe inwestycje mogą być atrakcyjne w warunkach rynkowej zmienności.

Wady:

- Wysokie ryzyko: Krótkoterminowe inwestycje są bardziej podatne na krótkoterminowe wahania cen i mogą prowadzić do większych strat.
- Wymaga aktywnego zarządzania: Wymaga stałego monitorowania rynku i podejmowania szybkich decyzji transakcyjnych.

Sposoby posługiwania się inwestycjami krótkoterminowymi:

- Ustal strategię i cele krótkoterminowe.
- Śledź bieżące wydarzenia rynkowe i analizy techniczne.
- Korzystaj z narzędzi takich jak zlecenia stop-loss, aby zminimalizować ryzyko.

- Bądź elastyczny i gotów dostosować się do zmieniających się warunków rynkowych.

Inwestycje długoterminowe:

Inwestycje długoterminowe to strategia, w której inwestor utrzymuje swoje aktywa przez dłuższy okres, często przez kilka lat lub nawet dziesięcioleci.

Zalety:

- Stabilność: Długoterminowe inwestycje mogą oferować stabilność, pomagając zniwelować wpływ krótkoterminowych wahnięć cen.
- Potencjalne wzrosty długoterminowe: Inwestycje w projekty z potencjałem długoterminowego wzrostu mogą generować zyski na przestrzeni lat.

Wady:

- Brak płynności: Aktywa mogą być zablokowane na długi czas, co ogranicza dostępność do gotówki.
- Mniejsze zyski w krótkim okresie: Inwestorzy długoterminowi mogą pomijać krótkoterminowe okazje zysku.

Sposoby posługiwania się inwestycjami długoterminowymi:

- Wybierz aktywa o potencjale długoterminowego wzrostu.
- Zainwestuj z myślą o przyszłości, nie reaguj na krótkoterminowe wahania rynkowe.
- Monitoruj regularnie sytuację makroekonomiczną i zmiany fundamentalne w projektach.
- Stosuj strategię dywersyfikacji, aby zminimalizować ryzyko.

Wybór między inwestycjami krótko- i długoterminowymi zależy od indywidualnych preferencji, tolerancji ryzyka oraz celów inwestycyjnych. Inwestycje krótkoterminowe mogą przynosić szybkie zyski, ale są bardziej podatne na ryzyko i wymagają aktywnego zarządzania. Inwestycje długoterminowe mogą oferować stabilność i potencjalne wzrosty, ale wymagają cierpliwości i odporności na krótkoterminowe wahania cen. Kluczowe jest zrozumienie własnych celów inwestycyjnych i dostosowanie strategii do swojego profilu inwestycyjnego.

"Emocje jako najgorszy wróg inwestora"

Czy pamiętasz moment, kiedy impulsywnie podjąłeś decyzję inwestycyjną mój drogi czytelniku, pod wpływem chwili? Emocje, takie jak strach, euforia czy chciwość, mają niezaprzeczalny wpływ na nasze decyzje finansowe. Inwestowanie na rynkach finansowych to nie tylko gra liczbami. To także sztuka radzenia sobie z emocjami, które towarzyszą każdej transakcji. Emocje, chociaż naturalne i nieuniknione, mogą stanowić poważne zagrożenie dla naszych portfeli inwestycyjnych.

1. Strach i panika:

Kiedy rynek spada, strach potrafi ogarnąć nawet najbardziej doświadczonych inwestorów. W obawie przed utratą kapitału, wielu podejmuje pochopne decyzje, zamykając pozycje w najgorszym możliwym momencie. Strach towarzyszy niepewności, ale nie jest dobrym doradcą inwestycyjnym.

2. Euforia i chciwość:

Z kolei, w czasach wzrostu rynku, euforia i chciwość mogą kusić do podejmowania zbyt ryzykownych decyzji. Skłonność do pozostawania na rynku zbyt długo, w nadziei na jeszcze większy zysk, często prowadzi do bolesnych strat. Zyski są satysfakcjonujące, ale rozsądek powinien zawsze towarzyszyć radości z sukcesu.

Jak unikać podejmowania decyzji pod wpływem emocji?

1. Plan inwestycyjny:

Stwórz plan inwestycyjny i trzymaj się go. Określ cel inwestycji, strategię i akceptowalny poziom ryzyka. Plan stanowi obiektywny punkt odniesienia w chwilach emocji.

2. Zlecenia stop-loss:

Używaj zleceń stop-loss, aby zautomatyzować proces zarządzania ryzykiem. To narzędzie pozwala uniknąć utraty większych kwot kapitału w przypadku nagłego ruchu cenowego.

3. Edukacja i analiza:

Poznawaj rynek, korzystaj z analizy fundamentalnej i technicznej. Im bardziej zorientowany jesteś na otaczające cię wydarzenia rynkowe, tym łatwiej utrzymać chłodną głowę.

4. Emocjonalna dyscyplina:

Zbuduj emocjonalną dyscyplinę poprzez regularne ocenianie swojego stanu emocjonalnego. Jeśli zauważysz, że emocje zaczynają wpływać na twoje decyzje, zrób krok wstecz i oczyść umysł.

Emocje stanowią integralną część życia, a tym bardziej inwestycji. Jednakże, aby być skutecznym inwestorem, konieczne jest opanowanie ich wpływu. Bądź świadomy swoich emocji, stosuj zdrowy rozsądek i trzymaj się swojego planu inwestycyjnego. To właśnie umiejętność radzenia sobie z emocjami stanowi klucz do sukcesu na trudnym, ale fascynującym świecie inwestycji.

- Od jakiej kwoty mam zacząć?

Wielu ekspertów zaleca, aby inwestorzy nie inwestowali więcej, niż są gotowi stracić. To podejście pomaga zminimalizować potencjalne straty i ogranicza wpływ inwestycji na ogólną sytuację finansową. Ponadto, wiele platform inwestycyjnych umożliwia inwestowanie nawet niewielkich kwot, co pozwala na eksperymentowanie z rynkiem bez konieczności dużych inwestycji na początku. Ostateczna decyzja zależy od Twojej indywidualnej sytuacji finansowej, celów inwestycyjnych i tolerancji ryzyka. Przed podjęciem jakichkolwiek decyzji zalecam również skonsultowanie się z profesjonalnym doradcą finansowym.

W świecie kryptowalut wielu ludzi osiągnęło sukces finansowy, zarabiając na handlu, inwestycjach lub tworząc własne projekty związane z blockchain. Jednak trzeba pamiętać, że rynek jest bardzo zmieniający się, a zyski mogą być znacznie różne w zależności od warunków rynkowych. Oto kilka przykładów osób znanych z ich zaangażowania w przestrzeń kryptowalut:

1. **Winklevoss Twins** (Cameron i Tyler Winklevoss): Są to amerykańscy przedsiębiorcy i inwestorzy, którzy zdobyli sławę jako współzałożyciele serwisu społecznościowego Facebook. Po kontrowersyjnych sporach z Markiem Zuckerbergiem, zainwestowali swoje odszkodowanie w bitcoiny. Obecnie są znani jako duzi posiadacze kryptowalut.

2. **Vitalik Buterin**: Kanadyjski programista rosyjskiego pochodzenia, jest współzałożycielem Ethereum, jednej z największych platform blockchain. Jego wkład w rozwój Ethereum uczynił go jedną z kluczowych postaci w świecie kryptowalut.

3. **Changpeng Zhao** (CZ): Założyciel i CEO Binance, jednej z największych giełd kryptowalut na świecie. Jego firma odniosła ogromny sukces, oferując szeroki zakres usług związanych z handlem kryptowalutami.

4. **Barry Silbert**: Założyciel i CEO Digital Currency Group, firmy inwestycyjnej specjalizującej się w branży kryptowalut. Silbert był zaangażowany w wiele przedsięwzięć związanych z blockchain, w tym w Grayscale, która zarządza największym na świecie funduszem inwestycyjnym w bitcoiny.

5. **Brian Armstrong**: Założyciel i CEO Coinbase, jednej z najpopularniejszych platform wymiany kryptowalut. Firma ta stała się jednym z kluczowych graczy na rynku, oferując łatwy dostęp do kryptowalut dla milionów użytkowników.

Warto zaznaczyć, że sukces tych osób często wynikał nie tylko z samej inwestycji w kryptowaluty, ale również z zaangażowania w rozwój i budowę infrastruktury związanej z blockchainem. Inwestowanie w kryptowaluty jest jednak ryzykowne, a zyski nie są gwarantowane. Zawsze ważne jest przeprowadzenie własnych badań i dokładna analiza przed podjęciem decyzji inwestycyjnych.

Rozdział 5. Aplikacje na telefon

W dzisiejszym szybkim tempie życia, mobilność stała się kluczowym elementem naszej codzienności. Aby zrozumieć tę zmianę, spojrzymy na fascynujący świat aplikacji na telefon, które stały się nieodłącznym towarzyszem naszego dnia. Wraz z rozwojem technologii mobilnych urządzeń, jak smartfony i tablety, ludzie odkryli nowy wymiar możliwości w swojej dłoni. To nie tylko komunikator czy narzędzie do dzwonienia – to prawdziwy uniwersalny instrument, dostosowujący się do naszych potrzeb. Kluczem do tej transformacji stały się aplikacje.

Aplikacje na telefon, zwane potocznie "apkami", to małe, zazwyczaj specjalizowane programy, które można zainstalować na urządzeniach mobilnych. Te wirtualne narzędzia przenoszą naszą cyfrową egzystencję na zupełnie nowy poziom, otwierając drzwi do rozmaitych możliwości. Jednym z najbardziej fascynujących aspektów aplikacji na telefon jest ich wszechstronność. Od gier po narzędzia produktywności, od edukacyjnych po rozrywkowe – istnieje aplikacja na każdą potrzebę. Ten kameleoniczny charakter sprawia, że nasze urządzenia stają się nie tylko narzędziem pracy czy rozrywki, lecz także przedłużeniem naszych zainteresowań i stylu życia. Proces zdobywania aplikacji jest równie fascynujący, jak samo ich używanie. Sklepy z aplikacjami, takie jak **App Store** czy **Google Play**, to swoiste bazary cyfrowe, gdzie programiści prezentują swoje dzieła, a użytkownicy przeglądają bogactwo dostępnych opcji. To miejsca, gdzie innowacyjność spotyka się z codziennymi potrzebami…
Aplikacje na telefon przyczyniły się także do rewolucji w sposobie, w jaki się komunikujemy. Od błyskawicznych wiadomości po rozmowy wideo – świat stał się bardziej połączony niż kiedykolwiek wcześniej. Społeczności online rozwijają się wokół wspólnych zainteresowań, tworząc wirtualne przestrzenie, w których dzielimy się doświadczeniami i ideami. Nie można zapominać o roli, jaką odgrywają w dziedzinie zdrowia, edukacji i rozwoju osobistego. Aplikacje do monitorowania aktywności fizycznej motywują nas do zdrowszego trybu życia, edukacyjne przewodniki stają się naszymi mentorami, a narzędzia do organizacji pomagają nam osiągnąć nasze cele.

Świat aplikacji na telefon to niekończąca się opowieść o innowacjach i możliwościach. To nie tylko funkcjonalność, ale także wyraz kreatywności i ciągłego dążenia do doskonałości. W dzisiejszym szybkim tempie życia, aplikacje na telefon są jak magiczne eliksiry, które sprawiają, że codzienność staje się bardziej interesująca, efektywna i związana z nami samymi. Niech ta podróż przez świat aplikacji na telefon będzie dla Ciebie równie fascynująca, co dla milionów użytkowników na całym świecie.

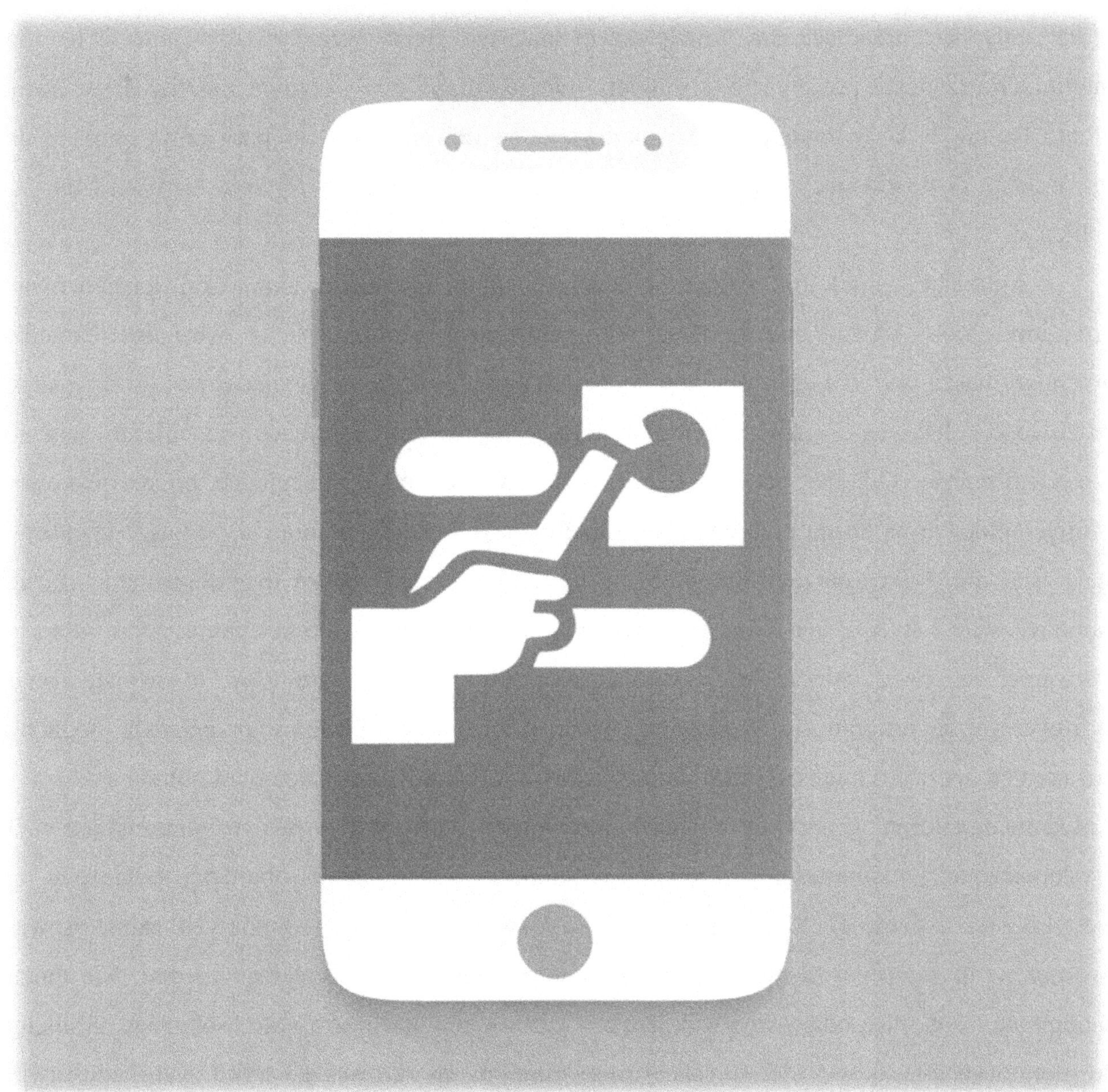

Przygoda z tworzeniem aplikacji na telefon bez znajomości programowania

Tworzenie własnej aplikacji na telefon może brzmieć jak zadanie zarezerwowane dla profesjonalistów od programowania, ale nie daj się zwieść – nawet bez wcześniejszej wiedzy z tego zakresu, możesz rozpocząć swoją własną przygodę z tworzeniem aplikacji.

Życie codzienne obfituje w sytuacje, które mogą stać się źródłem inspiracji do stworzenia nowoczesnej i przydatnej aplikacji na telefon. Przemyśl, co Cię frustruje, co chciałbyś usprawnić, albo dojrzyj jakąś lukę na rynku, którą mógłbyś zapełnić. Pomysły na aplikacje często rodzą się z osobistych doświadczeń i obserwacji otaczającego świata.

Jeśli jesteś pasjonatem gotowania, może zastanów się nad stworzeniem aplikacji pomagającej w organizacji przepisów i zakupów. Jeśli zauważyłeś, że wiele osób ma trudności ze skupieniem uwagi podczas czytania, być może możesz stworzyć aplikację wspierającą koncentrację. Odkrywaj potencjał w swoim otoczeniu i własnych potrzebach.

Zanim zatoczysz koło pomysłów, ważne jest zbadanie rynku, aby dowiedzieć się, czy Twój pomysł jest unikalny i spełnia realne potrzeby. Oto kilka kroków, które pomogą Ci zdefiniować cel i pomysł na Twoją aplikację poprzez badanie rynku:

1) **Analiza konkurencji:**
- Zidentyfikuj istniejące aplikacje, które rozwiązują podobne problemy.
- Zastanów się, jak Twoja aplikacja może się wyróżnić – czy to poprzez innowacyjne funkcje, bardziej intuicyjny interfejs czy lepsze doświadczenie użytkownika.

2) **Badanie trendów:**
- Śledź aktualne trendy w branży aplikacji mobilnych.
- Zastanów się, czy Twój pomysł jest zgodny z obecnie panującymi trendami czy może wprowadza coś zupełnie nowego.

3) **Analiza grup docelowych:**
- Zidentyfikuj grupę docelową dla swojej aplikacji.
- Zbadaj ich zwyczaje, potrzeby i preferencje, aby dostosować funkcje i interfejs do ich oczekiwań.

4) **Feedback od potencjalnych użytkowników:**
- Przeprowadź ankiety lub zbieraj opinie od potencjalnych użytkowników.
- Zwróć uwagę na sugestie i pomysły, które mogą pomóc w ulepszeniu pomysłu na Twoją

aplikację.

Po zebraniu inspiracji i przeprowadzeniu analizy rynku, zdefiniuj klarownie cel swojej aplikacji. Określ, jakie problemy ma rozwiązywać i jakie korzyści przyniesie użytkownikom. Cel powinien być sprecyzowany, mierzalny i dostosowany do potrzeb grupy docelowej.

Jeśli Twoja aplikacja ma ułatwiać codzienne zadania, postaraj się zdefiniować, które dokładnie zadania mają być ułatwione. Jeśli to aplikacja rozrywkowa, zastanów się, jakie emocje chciałbyś wzbudzić u użytkowników. Pamiętaj, że proces definiowania celu i pomysłu na aplikację to etap, który może ewoluować w miarę postępów w tworzeniu. Bądź elastyczny, otwarty na nowe pomysły, a Twoja aplikacja może stać się czymś więcej niż pierwotnie zakładałeś.

Bez programowania…

Dziś istnieje wiele narzędzi do tworzenia aplikacji bez konieczności pisania kodu. Platformy takie jak **Adalo**, **Bubble** czy **Thunkable** oferują intuicyjne środowisko, które pozwala na projektowanie i budowę aplikacji za pomocą interfejsu graficznego. Poniżej pokazuje jak obsługiwać jeden z tych programów.

Adalo: krok po kroku

1. Rejestracja na stronie Adalo

Rozpocznij swoją przygodę z Adalo, zarejestruj się na ich stronie głównej, korzystając ze swojego adresu e-mail. Proces rejestracji jest prosty i wymaga jedynie kilku podstawowych informacji. Po pomyślnym utworzeniu konta, będziesz gotów do rozpoczęcia tworzenia swojej aplikacji.

2. Tworzenie nowego projektu

Po zalogowaniu się, znajdziesz się w centralnym punkcie panelu kontrolnego Adalo. Tutaj utwórz nowy projekt, nadając mu odpowiednią nazwę. Projekt to centralne miejsce, w którym skupisz wszystkie elementy związane z Twoją aplikacją.

3. Dodawanie komponentów z drag-and-drop

W centrum kreatywnego procesu Adalo znajduje się intuicyjny interfejs „drag-and-drop". Zacznij od dodania ekranów, przycisków, pól tekstowych i innych komponentów, przeciągając je bezpośrednio na obszar roboczy. Dzięki tej prostocie, nawet osoby bez doświadczenia w programowaniu mogą z łatwością projektować interfejs swojej aplikacji.

4. Personalizacja komponentów

Kiedy już umieścisz swoje komponenty na ekranie, przyszedł czas na dostosowanie ich do własnych potrzeb. Kliknij na dany element, aby otworzyć panel personalizacji, gdzie możesz zmieniać kolory, czcionki, rozmiary i inne właściwości. W Adalo kluczową cechą jest elastyczność, co pozwala na pełne dostosowanie wyglądu i funkcji według własnych pomysłów.

5. Testowanie w trybie podglądu

Kiedy już ukończysz projekt, przetestuj swoją aplikację w trybie podglądu. To kluczowy krok, który pozwala zobaczyć, jak działa Twoje dzieło na różnych ekranach i urządzeniach. Przejdź do trybu podglądu, który dostępny jest jednym kliknięciem, abyś mógł ocenić interakcje użytkownika, funkcje i ogólny wygląd.

Dodatkowe wskazówki..

Baza danych: Adalo oferuje prostą integrację z bazą danych. Wykorzystaj tę funkcję, aby przechowywać dane związane z Twoją aplikacją.

Nawigacja: Skonfiguruj nawigację między ekranami, definiując, jak użytkownicy powinni przechodzić pomiędzy różnymi częściami aplikacji.

Działanie logiczne: Jeśli chcesz, aby Twoja aplikacja reagowała na konkretne sytuacje, skorzystaj z funkcji działania logicznego w Adalo. To pozwala na dostosowywanie zachowania aplikacji bez konieczności programowania.

Koszty..

Darmowe konto: Adalo oferuje darmowy dostęp z ograniczoną ilością rekordów w bazie danych i podstawowymi funkcjami.

Pakiety płatne: Dla większych projektów dostępne są pakiety płatne, oferujące więcej funkcji, miejsca w bazie danych i inne korzyści. Koszty zależą od potrzeb projektu i wykorzystania zasobów platformy.

Chociaż nie będziesz zamieszany w kodowanie, to zrozumienie zasad projektowania interfejsu użytkownika (UI) i doświadczenia użytkownika (UX) stanowi kluczową przewagę dla Twojej aplikacji. Oto kroki, które pomogą Ci zdobyć podstawową wiedzę i perfekcyjnie opanować sztukę projektowania UI/UX.

Podstawy projektowania UI:

Kolorystyka i kontrast: Zrozumienie psychologii kolorów oraz umiejętne korzystanie z kontrastów pomaga w przyciąganiu uwagi użytkownika i tworzeniu czytelnych interfejsów.

Typografia: Wybór odpowiedniej czcionki ma ogromne znaczenie. Poznaj zasady czytelności, hierarchii i skalowania, aby stworzyć atrakcyjny i łatwy do przeczytania tekst.

Przestrzeń i układ: Opanuj zasadę równowagi, proporcji i struktury przestrzennej. Wyważony układ ułatwia nawigację i zwiększa czytelność.

Ikony i grafiki: Wiedza na temat używania ikon i grafik w UI pomaga w stworzeniu intuicyjnych symboli i elementów wizualnych.

Elementy UX design:

Badania użytkowników: Poznaj techniki badawcze, takie jak wywiady, ankiety i testy użyteczności. Zrozumienie potrzeb i oczekiwań użytkowników pozwoli dostosować interfejs do ich doświadczeń.

Mapowanie Journeys użytkowników: Śledź ścieżki użytkowników w aplikacji, identyfikując kluczowe momenty i ewentualne trudności. To pozwoli zoptymalizować przebieg korzystania z aplikacji.

Prototypowanie: Korzystaj z narzędzi do tworzenia prototypów, aby wizualizować i przetestować interakcje użytkownika. To skraca czas projektowania i pozwala na szybką iterację.

Testy A/B: Przeprowadzaj testy A/B, porównując różne wersje elementów interfejsu, aby zidentyfikować, które są bardziej efektywne i przyjemne dla użytkowników.

Zasoby online:

- Coursera - "Interaction Design Specialization": Kursy oferowane przez Coursera dostarczają kompleksowej wiedzy na temat interakcji i projektowania użytkownika.

- LinkedIn learning - "UX Design": Platforma LinkedIn Learning oferuje wiele kursów dotyczących projektowania UX, obejmujących zarówno podstawy, jak i zaawansowane zagadnienia.

- Dribbble i Behance: Przeglądaj projekty na platformach takich jak Dribbble i Behance, aby zobaczyć, jak doświadczeni projektanci realizują swoje pomysły.

- Medium i UX design blogs: Czytaj artykuły na Medium oraz śledź blogi specjalizujące się w UX Design, aby poznać najnowsze trendy i praktyki.

- Wykorzystaj zdobytą wiedzę, projektując własne aplikacje. Próbuje różnych stylów, układów i rozwiązań, aby doskonalić swoje umiejętności.

- Udostępniaj swoje projekty społeczności projektantów i programistów. Otrzymuj konstruktywny feedback, który pomoże w doskonaleniu umiejętności.

- Weź udział w wyzwaniach projektowych online, gdzie możesz pracować nad konkretnymi briefami i zdobywać doświadczenie w różnych obszarach.

Decyzja o tym, gdzie promować swoją aplikację, to bardzo ważny etap procesu wypuszczania jej na rynek. Wybór między platformami iOS a Android, a może obiema, wiąże się z kilkoma ważnymi aspektami, które należy dokładnie rozważyć.

1. iOS – Elegancja i zamknięty ekosystem:

Plusy	Minusy
Ekskluzywność: Aplikacje na iOS często kojarzą się z ekskluzywnością, co może przyciągać użytkowników z grupy docelowej, którzy cenią prestiż.	Rygorystyczne Zatwierdzanie: Proces zatwierdzania aplikacji na iOS jest rygorystyczny, a zatwierdzenie może potrwać dłużej niż na Androidzie.
Łatwość płatności: Proces płatności w App Store jest zintegrowany i często uznawany za łatwiejszy dla użytkowników, co może wpływać na zwiększenie konwersji.	Koszty rozwoju: Urządzenia Apple są często droższe, co może wpływać na koszty testowania i rozwijania aplikacji.

2. Android – Otwartość i różnorodność:

Plusy	Minusy
Różnorodność Urządzeń: Android obsługuje szeroką gamę urządzeń, co umożliwia dotarcie do różnorodnej grupy użytkowników	Fragmentacja Urządzeń: Różnorodność urządzeń może prowadzić do konieczności dostosowywania interfejsu pod różne rozmiary ekranów i specyfikacje techniczne.
Otwarty Rynek: Proces publikacji na Google Play jest mniej rygorystyczny, umożliwiając szybsze wprowadzanie aktualizacji i nowych	Rynek Znacznie Mniej Kontrolowany: Mimo, że Google Play ma bardziej otwarty proces zatwierdzania, oznacza to także większą

| funkcji. | konkurencję i trudniejszą widoczność w tłumie aplikacji. |

3. Obie platformy – Zasięg pełnej gammy użytkowników:

Plusy	Minusy
Zasięg globalny: Publikując aplikację na obie platformy, masz szansę dotrzeć do ogromnej liczby użytkowników na całym świecie.	Podwójne nakłady: Tworzenie i utrzymanie aplikacji na obie platformy może generować podwójne koszty, zarówno finansowe, jak i czasowe.
Wsparcie dla Cross-Platform Development: Istnieją narzędzia, takie jak React Native czy Flutter, które pozwalają na jednoczesne tworzenie aplikacji na obie platformy, co zdecydowanie ułatwia proces rozwoju.	Różnice w Designie: Konieczność dostosowywania interfejsu pod różne zasady designu może być wyzwaniem, szczególnie dla mniejszych zespołów.

Jak dokonać wyboru?

Przy wyborze platformy dla swojej aplikacji, zastanów się nad celem, jakiego chcesz osiągnąć i preferencjami grupy docelowej. Jeśli zależy Ci na prestiżu i płatnościach zintegrowanych z systemem, iOS może być atrakcyjną opcją. Jeśli zależy Ci na elastyczności i różnorodności, Android może być bardziej odpowiedni. Decyzję o publikacji na obu platformach podejmij świadomie, biorąc pod uwagę zarówno plusy, jak i minusy związane z tym wyborem. Ostatecznie, sukces Twojej aplikacji zależy od zrozumienia i dostosowania się do potrzeb Twojej grupy docelowej, niezależnie od platformy, którą wybierzesz.

Zanim zainwestujesz zbyt wiele czasu w rozwijanie swojej aplikacji, utwórz prosty prototyp, który pozwoli Ci przetestować koncepcję. Prototypy pomagają zobaczyć, jak Twoja aplikacja będzie działać w praktyce, zanim przejdziesz do bardziej zaawansowanych kroków.

Testuj!

Testowanie aplikacji to kluczowy etap w procesie jej rozwoju. Obejmuje ono sprawdzanie funkcji, wydajności, stabilności i ogólnej jakości oprogramowania. W celu ułatwienia tego procesu istnieje wiele narzędzi oraz różnych metod testowania, które pozwalają na dokładne sprawdzenie, czy Twoja aplikacja działa zgodnie z oczekiwaniami.

Poniżej przedstawiam kilka popularnych narzędzi i metod, które możesz wykorzystać do testowania swojej aplikacji.

Narzędzia do automatycznego testowania:

1. Appium to otwarto-źródłowe narzędzie do automatycznego testowania aplikacji mobilnych.

Działa na wielu platformach, w tym na systemach Android i iOS.

Jak używać:

- Zainstaluj Appium na swoim systemie.
- Skonfiguruj urządzenia mobilne lub emulatory, na których chcesz przeprowadzić testy.
- Napisz skrypty testowe w wybranym języku programowania (np. Java, Python).
- Uruchom testy automatyczne, monitorując wyniki.

2. Espresso to framework do automatycznego testowania dla aplikacji Androidowych. Jest często używany z narzędziem Android Studio.

Jak używać:

- Zainstaluj Espresso jako część projektu Android Studio.
- Napisz testy używając interfejsu Espresso w języku Kotlin lub Java.
- Uruchom testy na emulatorze lub fizycznym urządzeniu.
- Analizuj wyniki, identyfikując ewentualne problemy.

Testy manualne:

1. Testy na różnych urządzeniach:

Przeprowadzanie ręcznych testów na różnych modelach urządzeń mobilnych, aby sprawdzić, czy aplikacja działa poprawnie na różnych konfiguracjach.

Jak używać:

- Skorzystaj z różnych urządzeń mobilnych, reprezentujących różne marki i modele.
- Sprawdź interakcje z aplikacją, wydajność i responsywność na każdym urządzeniu.
- Dokładnie rejestruj wyniki testów i ewentualne problemy.

2. Emulatory:

Testowanie aplikacji na emulatorach, symulujących różne środowiska urządzeń mobilnych.

Jak używać:

- Skorzystaj z wbudowanych emulatorów w środowiskach programistycznych, takich jak Android Studio (dla systemu Android) lub Xcode (dla systemu iOS).
- Wybierz różne wersje systemów operacyjnych i rozmiary ekranów do emulacji.

- Przeprowadź testy, obserwując zachowanie aplikacji na symulowanych urządzeniach.

Plusy i minusy automatycznego testowania:

Plusy	Minusy
Efektywność: Automatyczne testy mogą być wykonywane szybko i efektywnie, zwłaszcza w przypadku dużych projektów.	Skomplikowane skrypty: Tworzenie skomplikowanych skryptów testowych może wymagać dodatkowej wiedzy programistycznej.
Powtarzalność: Testy można powtarzać wielokrotnie, co ułatwia identyfikację błędów na różnych etapach rozwoju.	Ograniczenia w detekcji błędów UI: Niektóre problemy związane z interfejsem użytkownika mogą być trudne do wykrycia automatycznie.

Plusy i minusy testów manualnych:

Plusy	Minusy
Ręczna ocena użyteczności: Testy manualne pozwalają na ręczną ocenę użyteczności i doświadczenia użytkownika.	Czasochłonność: Ręczne testy mogą być czasochłonne, zwłaszcza w przypadku dużych i skomplikowanych projektów.
Zrozumienie kontekstu użytkowania: Testerzy mogą lepiej zrozumieć kontekst u życia użytkowania, co jest trudne do uzyskania przy automatycznych testach.	Subiektywność: Wyniki testów manualnych mogą być bardziej subiektywne, zależne od umiejętności i doświadczenia testerów.

Decydując się na metody testowania, warto zastosować podejście zrównoważone, korzystając zarówno z testów automatycznych, jak i manualnych. Automatyczne testy są doskonałe do powtarzalnych zadań i szybkiego wykrywania potencjalnych błędów, zwłaszcza w przypadku regresji kodu. Z kolei testy manualne pozwalają na bardziej holistyczne podejście do testowania, uwzględniając aspekty użyteczności i doświadczenia użytkownika. Warto także brać pod uwagę specyfikę projektu. Jeśli tworzysz prostą aplikację, testy manualne mogą być wystarczające. W przypadku bardziej skomplikowanych projektów, gdzie częste są zmiany kodu, warto zainwestować w automatyczne testowanie, aby zapewnić szybkie wykrywanie potencjalnych błędów. Niezaprzeczalnie, testowanie to niezbędny element procesu deweloperskiego, mający na celu dostarczenie stabilnej, wydajnej i użytecznej aplikacji. W zależności od specyfiki projektu, wybierz odpowiednie narzędzia i metody, aby zapewnić najwyższą jakość swojego oprogramowania. Testy to nie tylko kwestia techniczna, ale także strategiczna, mająca wpływ na sukces Twojej aplikacji na rynku.

Najbardziej inspirujące i udane aplikacje stworzone przy użyciu Adalo.

Daily task tracker:

Daily task tracker to prosta, ale skuteczna aplikacja stworzona w Adalo, pomagająca użytkownikom śledzić codzienne zadania. Aplikacja oferuje intuicyjny interfejs umożliwiający dodawanie, edycję i oznaczanie zadań jako wykonane. Użytkownicy doceniają łatwość korzystania z tej aplikacji, a funkcje przypomnień pomagają utrzymać produktwność na wysokim poziomie.

Health journal:

Health journal to aplikacja stworzona w Adalo, która umożliwia użytkownikom monitorowanie ich zdrowia i aktywności fizycznej. Zawiera funkcje takie jak dziennik spożywanych posiłków, monitorowanie aktywności fizycznej, a nawet opcję dziennika nastroju. Dzięki prostocie obsługi, Health Journal zdobywa popularność wśród osób dbających o swoje zdrowie.

Local artisan marketplace:

Local artisan marketplace to platforma łącząca lokalnych rzemieślników z klientami. Stworzona w Adalo, ta aplikacja umożliwia artystom i rzemieślnikom prezentowanie swoich wyrobów, a użytkownikom przeglądanie i zakupy unikatowych, lokalnych produktów. Intuicyjny interfejs i funkcje ocen przyczyniają się do sukcesu tej aplikacji.

Language learning buddy:

Language learning buddy to interaktywna aplikacja stworzona w Adalo, pomagająca użytkownikom naukę nowych języków. Aplikacja oferuje ćwiczenia, quizy, a nawet opcję rozmów z native speakerami. Prosty interfejs sprawia, że nauka języka staje się przyjemnością, a społeczność użytkowników dodaje element motywacji.

Event planner pro:

Event planner pro to kompleksowa aplikacja stworzona w Adalo, zaprojektowana do planowania i zarządzania wydarzeniami. Użytkownicy mogą tworzyć wydarzenia, zarządzać listą gości, monitorować budżet i udostępniać informacje o wydarzeniu. Elastyczność Adalo pozwala dostosować aplikację do różnych rodzajów wydarzeń, od spotkań biznesowych po prywatne imprezy.

Sposoby zarabiania na aplikacjach mobilnych

1. Model freemium:

Model freemium jest jednym z najpopularniejszych sposobów zarabiania na aplikacjach. Polega na udostępnieniu aplikacji za darmo, ale oferowaniu dodatkowych funkcji lub treści premium za opłatą. Użytkownicy mogą korzystać z podstawowej wersji aplikacji, a ci, którzy chcą dostępu do bardziej zaawansowanych funkcji, płacą abonament.

Przykład: Aplikacja do edycji zdjęć oferuje podstawowe narzędzia bezpłatnie, ale zaawansowane efekty, filtry czy narzędzia edycji dostępne są w wersji premium.

2. Reklamy i sponsorowane treści:

Monetyzacja poprzez reklamy jest powszechną praktyką. W tym modelu, twórcy aplikacji zarabiają na umieszczaniu reklam wewnątrz aplikacji. Może to obejmować banery, reklamy wideo, czy reklamy interaktywne. Również sponsorowane treści mogą generować dochód poprzez współpracę z firmami na zasadzie umieszczania ich produktów lub treści w aplikacji.

Przykład: Gra mobilna wyświetla krótkie reklamy wideo pomiędzy poziomami lub oferuje opcję obejrzenia reklamy w zamian za dodatkowe życie lub bonusy.

3. Model subskrypcji:

W modelu subskrypcji użytkownicy płacą regularnie, zazwyczaj co miesiąc, za dostęp do treści, funkcji premium lub usług. Ten model biznesowy jest często stosowany w aplikacjach oferujących treści medialne, narzędzia profesjonalne czy edukacyjne.

Przykład: Platforma streamingowa, gdzie użytkownicy płacą abonament miesięczny za dostęp do szerokiej gamy filmów, seriali czy muzyki.

4. In-app purchases (zakupy w aplikacji):

Zakupy w aplikacji to model, w którym użytkownicy mogą dokonywać mikropłatności w ramach samej aplikacji. To mogą być zakupy wirtualnych przedmiotów, dodatkowych poziomów w grze, czy inne cyfrowe dobra.

Przykład: Gra mobilna oferuje możliwość zakupu specjalnych mocy, ekwipunku czy waluty wirtualnej za prawdziwe pieniądze.

5. Sprzedaż danych użytkowników:

Niektóre aplikacje zbierają dane o użytkownikach, a następnie sprzedają je firmom trzecim w celach marketingowych czy badawczych. To kontrowersyjny model, który wymaga zachowania wysokich standardów ochrony prywatności.

Przykład: Aplikacja społecznościowa zbiera dane o preferencjach użytkowników i sprzedaje je reklamodawcom w celu ukierunkowanej reklamy.

6. Wprowadzenie płatnych wersji premium:

W tym modelu aplikacja jest dostępna w dwóch wersjach - darmowej i płatnej. Wersja płatna oferuje dodatkowe funkcje, brak reklam, lub inne korzyści w zamian za jednorazową opłatę.

Przykład: Aplikacja do nauki języków oferuje darmową wersję z podstawowymi funkcjami, ale dla pełnego dostępu do wszystkich lekcji i funkcji, użytkownicy muszą zakupić wersję premium.

7. Prowizje od transakcji:

W przypadku aplikacji handlowych lub platform zakupowych, prowizje od transakcji mogą być źródłem przychodu. Twórcy aplikacji pobierają niewielką prowizję od każdej przeprowadzonej transakcji.

Przykład: Platforma handlowa dla niezależnych sprzedawców pobiera niewielką prowizję od każdej sprzedaży dokonanej na ich platformie.

Istnieje wiele dróg, którymi twórcy aplikacji mogą podążać, aby zarabiać na swojej pracy. Wybór odpowiedniej ścieżki zależy od rodzaju aplikacji, jej funkcji, a także grupy docelowej. Warto również pamiętać, że innowacyjne podejścia do modeli biznesowych mogą przynieść niespodziewane sukcesy. Niezależnie od wybranej strategii, kluczem do sukcesu jest zrozumienie i dostosowanie się do potrzeb i oczekiwań użytkowników.

Zyski generowane przez aplikacje mobilne mogą znacznie się różnić w zależności od wielu czynników, takich jak rodzaj aplikacji, model biznesowy, liczba użytkowników, region geograficzny i inne. Przedział możliwych zysków jest szeroki i może obejmować zarówno niewielkie dochody, jak i ogromne zyski. Poniżej przedstawiam ogólny przedział, ale należy pamiętać, że to jedynie szacunki, a konkretna sytuacja każdej aplikacji może być inna.

Niewielkie zyski:

- Aplikacje, które generują niewielkie przychody z reklam, mikropłatności lub subskrypcji.
- Nowe aplikacje w fazie rozwoju, które jeszcze nie zdobyły znaczącej bazy użytkowników.
- Aplikacje o niewielkim zasięgu geograficznym.

Średnie zyski:

- Popularne aplikacje o stałej bazie użytkowników, generujące dochody z reklam, subskrypcji lub zakupów wewnętrznych.
- Aplikacje zainwestowane w skuteczną strategię marketingową, co przekłada się na większą liczbę pobrań i aktywnych użytkowników.
- Aplikacje skoncentrowane na określonym rynku lub niszy, co pozwala na efektywne docieranie do konkretnej grupy użytkowników.

Wysokie zyski:

- Aplikacje, które osiągają status "hitu" lub zyskują dużą popularność na światowym rynku.
- Aplikacje korzystające z modelu subskrypcji premium lub modelu freemium z dużą liczbą subskrybentów.
- Gry mobilne, które przyciągają miliony graczy i generują znaczne zyski z zakupów wewnętrznych.

Ogromne zyski:

- Aplikacje dominujące globalny rynek i posiadające setki milionów aktywnych użytkowników.

- Aplikacje z umiejętnie wdrożonymi modelami biznesowymi, takimi jak freemium czy reklamy, generujące olbrzymie przychody.

- Aplikacje, które zyskują popularność na rynkach o wysokiej siatce reklamowej, co przekłada się na wysokie stawki reklamowe.

Należy zauważyć, że sukces finansowy aplikacji zależy nie tylko od liczby pobrań, ale także od zaangażowania użytkowników, jakości oferowanych usług, skuteczności monetyzacji oraz efektywności strategii marketingowej i obsługi klienta.

Rozdział 6. Freelancing

W dzisiejszym zglobalizowanym społeczeństwie, gdzie technologia szybko ewoluuje, a granice między krajami stają się coraz bardziej płynne, freelancing staje się niezwykle istotnym elementem rynku pracy. Tylko czym dokładnie jest freelancing? Czym różni się od tradycyjnego zatrudnienia, a co sprawia, że stanowi atrakcyjną opcję dla wielu osób na całym świecie?

Freelancing to forma zatrudnienia, w której pracownicy nie są związani stałą umową z jednym pracodawcą. Zamiast tego pracują na zlecenie, podejmując się projektów od różnych firm lub klientów indywidualnych. Freelancerzy są przedsiębiorcami samozatrudnionymi, co oznacza, że sami zarządzają swoim czasem, umiejętnościami i miejscem pracy.

Dlaczego ludzie wybierają freelancing?

Istnieje wiele powodów, dla których ludzie decydują się na to. Jednym z głównych motywów jest elastyczność. Freelanserzy mają kontrolę nad własnym grafikiem pracy, co pozwala im dostosować harmonogram do swoich preferencji i życiowych potrzeb. To szczególnie atrakcyjne dla rodziców, studentów i osób, które cenią sobie wolność w organizacji czasu.

Innym aspektem, który przyciąga jest możliwość pracy zdalnej. W erze internetu i zaawansowanych technologii komunikacyjnych, większość projektów można realizować bez konieczności fizycznej obecności w biurze. To umożliwia pracę z dowolnego miejsca na świecie, co jest szczególnie korzystne dla tych, którzy pragną podróżować lub pracować z domu.

Dywersyfikacja umiejętności

Freelansing to także sposób na rozwijanie wielu umiejętności. Freelanserzy często pracują nad różnorodnymi projektami dla różnych klientów, co pozwala im zdobywać doświadczenie w różnych obszarach. To podejście do pracy sprawia, że stają się elastyczni i zyskują umiejętność dostosowywania się do różnych wymagań projektów.

Wyzwania

Mimo wielu korzyści, istnieją również pewne wyzwania. Jednym z największych jest niepewność związana z regularnością pracy i dochodem. Freelancerzy muszą samodzielnie pozyskiwać klientów, co wymaga umiejętności marketingowych i zarządzania biznesem. Choć niesie to za sobą pewne wyzwania, to dla wielu osób staje się atrakcyjną alternatywą do tradycyjnego zatrudnienia. W miarę jak technologia i globalizacja nadal kształtują świat pracy, freelansing prawdopodobnie będzie odgrywał coraz większą rolę w życiu zawodowym ludzi na całym świecie.

Oto kilka fascynujących zawodów, które stały się powszechne w świecie freelancingu.

1. Sztuka copywritingu i content marketingu

Rola copywriterów i specjalistów ds. content marketingu staje się niezbędna. To oni stoją za słowami, które przyciągają uwagę, budują markę i skłaniają użytkowników do interakcji. Zajrzyjmy głębiej w świat copywritingu i content marketingu, aby zrozumieć, jakie zadania wykonują freelancerzy w tej dziedzinie i jakie standardy jakości muszą spełnić.

Zadania

Tworzenie tekstów reklamowych:

Copywriterzy pracują nad tworzeniem tekstów reklamowych, które mają zwrócić uwagę potencjalnych klientów. To krótkie, zwięzłe komunikaty, które muszą być zarówno przekonujące, jak i zgodne z identyfikacją marki.

Przykładowe zadanie: Stworzenie tekstu reklamowego dla nowego produktu, podkreślając unikalne cechy i korzyści.

Artykuły blogowe:

Specjaliści ds. content marketingu często tworzą artykuły blogowe, które mają nie tylko dostarczać wartości czytelnikom, ale także budować zaangażowanie i zwiększać widoczność marki w wynikach wyszukiwania.

Przykładowe zadanie: Napisanie artykułu na temat trendów w branży klienta, dostarczając informacji, które mogą być cenne dla czytelników.

Treści na strony internetowe:

Copywriterzy tworzą teksty na strony internetowe, dostosowane do specyfiki danej firmy. Muszą uwzględnić kluczowe słowa kluczowe dla optymalizacji SEO i jednocześnie dostarczyć jasne, zrozumiałe przesłanie.

Przykładowe zadanie: Opracowanie treści na stronę główną witryny, opisując ofertę firmy i zachęcając do interakcji.

Kampanie email marketingowe:

Copywriterzy często tworzą treści dla kampanii email marketingowych. Muszą pisać maile, które są nie tylko atrakcyjne, ale także skłaniają odbiorców do podjęcia konkretnych działań.

Przykładowe zadanie: Opracowanie treści do newslettera promocyjnego, zawierającego specjalne oferty dla subskrybentów.

Wymagane standardy jakości pracy

1. **Kreatywność**: Copywriterzy muszą być kreatywni, potrafiąc w ciekawy sposób przekazywać informacje i wywoływać emocje u odbiorców.

2. **Zrozumienie publiczności**: Wymaga się od nich umiejętności zrozumienia grupy docelowej i dostosowania tonu i stylu do preferencji czytelników.

3. **SEO**: Znajomość podstaw optymalizacji dla wyszukiwarek jest kluczowa, aby treści były łatwo odnajdywane w sieci.

4. **Punktualność i dbałość o szczegóły**: Freelancerzy w tej dziedzinie muszą być punktualni i dbać o szczegóły, aby dostarczyć kompleksowe i profesjonalne treści.

Copywriting i content marketing to sztuka budowania mostu między firmami a ich publicznością. Freelanserzy w tej dziedzinie nie tylko piszą słowa - kształtują historie, tworzą wizerunek marki i wpływają na decyzje konsumentów. Ich praca wymaga równowagi między kreatywnością a strategią, a wysokie standardy jakości to niezbędna droga dla osiągnięcia sukcesu w tym dynamicznym obszarze.

2. Grafika i Projektowanie

W czasie wizualnej komunikacji, graficy i projektanci odgrywają niezwykle ważną rolę. Freelancerzy specjalizujący się w grafice komputerowej, projektowaniu logo i ilustracjach stają się nie tylko artystami, ale także strategami wizualnymi, pomagając firmom w budowaniu rozpoznawalności marki i przyciąganiu uwagi klientów. W tym rozdziale przyjrzymy się bliżej temu ekscytującemu świecie grafiki i projektowania.

Zadania grafika i projektanta

Projektowanie logo:

Freelancerzy w tej dziedzinie często dostają zlecenia na stworzenie unikalnego logo, które będzie reprezentować firmę. Logo powinno być nie tylko estetyczne, ale także odzwierciedlać charakter i wartości marki.

Przykładowe zadanie: Stworzenie logo dla nowo powstałej firmy specjalizującej się w produkowaniu ekologicznych kosmetyków.

Ilustracje i grafiki do stron internetowych:

Projektanci tworzą grafiki i ilustracje, które wzbogacają treści na stronach internetowych. Mogą to być elementy takie jak banery, infografiki czy ilustracje do artykułów.

Przykładowe zadanie: Opracowanie grafik ilustrujących proces produkcji dla strony internetowej firmy produkującej hand-made meble.

Projektowanie materiałów marketingowych:

Graficy mogą pracować nad projektowaniem różnorodnych materiałów marketingowych, takich jak ulotki, plakaty, broszury czy katalogi, które pomagają w promocji produktów lub usług.

Przykładowe zadanie: Stworzenie plakatu promującego zbliżającą się kampanię zniżkową dla sklepu odzieżowego.

Animacje i multimedia:

Niektórzy freelancerzy specjalizują się w tworzeniu animacji i multimedialnych prezentacji. Mogą pracować nad reklamami wideo, animowanymi logo czy interaktywnymi prezentacjami.

Przykładowe zadanie: Stworzenie krótkiej animacji przedstawiającej nową kolekcję produktów dla marki sportowej.

Wymagane standardy jakości pracy

1. **Kreatywność**: Graficy muszą być kreatywni i zdolni do myślenia poza schematami, aby stworzyć unikalne i przyciągające wzrok projekty.

2. **Zrozumienie brandingu**: Ważne jest, aby grafik rozumiał ideę marki i potrafił przekazać ją wizualnie, tworząc spójny i zgodny z identyfikacją wizualną materiał.

3. **Umiejętności techniczne**: Oprócz kreatywności, graficy muszą posiadać solidne umiejętności techniczne, korzystając z różnych narzędzi i programów do projektowania graficznego.

4. **Dbałość o detale**: Nawet najmniejsze detale mogą mieć znaczenie w projektach graficznych, dlatego freelancerzy muszą być precyzyjni i dbać o każdy element swojej pracy.

Dziedzina grafiki i projektowania to nie tylko praca z narzędziami do projektowania, ale również zdolność do wyrażania idei i emocji w formie wizualnej. Freelancerzy w tej dziedzinie tworzą nie tylko grafiki, ale również historie i doświadczenia wizualne, które wpływają na odbiorców. Dzięki swojej kreatywności i umiejętnościom technicznym, stanowią oni nieodzowny element w budowaniu wizerunku i sukcesu firm na rynku.

3.   Kody i algorytmy - świat programowania i rozwoju oprogramowania

W cyfrowej autostradzie, gdzie każde urządzenie działa dzięki kodowi, programiści i deweloperzy są niezwykle cenieni. Freelancing w dziedzinie programowania i rozwoju oprogramowania stał się powszechnym sposobem na zdobycie cennego doświadczenia zawodowego i równocześnie sprostania rosnącemu zapotrzebowaniu na ekspertów IT.

Zadania programisty i dewelopera

Tworzenie stron internetowych:

Ludzie w tej dziedzinie często zajmują się tworzeniem responsywnych stron internetowych. Muszą zrozumieć zarówno potrzeby klienta, jak i oczekiwania użytkowników, aby stworzyć intuicyjne i efektywne interfejsy.

Przykładowe zadanie: Rozwinięcie strony portfolio dla artysty, umożliwiające prezentację różnorodnych prac w atrakcyjny sposób.

Rozwój aplikacji mobilnych:

Programiści mogą specjalizować się w tworzeniu aplikacji mobilnych, zarówno dla systemu Android, jak i iOS. To wymaga nie tylko znajomości języków programowania, ale także zrozumienia specyfiki działania różnych platform.

Przykładowe zadanie: Stworzenie mobilnej aplikacji fitness, umożliwiającej śledzenie postępów treningowych i udostępnianie wyników.

Optymalizacja i debugowanie:

Deweloperzy zajmują się także optymalizacją istniejącego oprogramowania, usuwaniem błędów (debugowaniem) oraz wprowadzaniem aktualizacji. To wymaga umiejętności analitycznych i skrupulatności.

Przykładowe zadanie: Poprawa wydajności aplikacji e-commerce poprzez optymalizację kodu i rozwiązanie problemów związanych z działaniem.

4. Tworzenie systemów zarządzania bazami danych:

Niektórzy freelancerzy specjalizują się w projektowaniu i rozwijaniu systemów zarządzania bazami danych. To zadanie obejmuje projektowanie struktury bazy danych, implementację oraz utrzymanie.

Przykładowe zadanie: Stworzenie systemu CRM dla firmy, umożliwiającego efektywne zarządzanie relacjami z klientami.

Wymagane standardy jakości pracy

1. **Znajomość języków programowania**: Programiści muszą być biegli w różnych językach programowania, takich jak JavaScript, Python, Java czy C#, w zależności od specyfiki projektu.

2. **Umiejętność rozwiązywania problemów**: Zadania programistyczne często wymagają od freelanserów zdolności do analitycznego myślenia i skutecznego rozwiązywania problemów.

3. **Dbałość o bezpieczeństwo**: W dzisiejszych czasach, ze względu na zagrożenia związane z cyberprzestępczością, deweloperzy muszą zadbać o bezpieczeństwo swoich aplikacji i systemów.

4. **Kreatywność**: Chociaż programowanie wymaga precyzji i logicznego myślenia, to również kreatywność jest ważna, zwłaszcza w kwestii projektowania interfejsów użytkownika.

Freelancing w programowaniu i rozwoju oprogramowania to podróż po świecie kodów, algorytmów i ciągłego doskonalenia. Specjaliści IT na rynku nie tylko kształtują przyszłość technologii, ale także zdobywają niezależność zawodową, umożliwiając klientom korzystanie z nowoczesnych, zindywidualizowanych rozwiązań. Ich praca to nie tylko pisanie kodu; to tworzenie rozwiązań, które zmieniają sposób, w jaki ludzie łączą się ze światem cyfrowym.

4. Cyfrowa wymiana wizerunku - Marketing online i SEO

Rola ekspertów ds. marketingu internetowego i optymalizacji dla wyszukiwarek (SEO) nabiera kluczowego znaczenia. Freelancerzy w tej dziedzinie pełnią istotną rolę, pomagając firmom wydobyć się na powierzchnię w gąszczu informacji online, zwiększyć widoczność i osiągnąć sukces w świecie wirtualnych relacji z klientami.

Zadania marketingowca online i specjalisty SEO

Opracowywanie strategii marketingowej:

Eksperci ds. marketingu online opracowują kompleksowe strategie, uwzględniające różne kanały komunikacji online, takie jak media społecznościowe, kampanie e-mailowe, reklamy display i wiele innych. Ich celem jest dotarcie do jak największej grupy docelowej.

Przykładowe zadanie: Stworzenie wielokanałowej strategii marketingowej dla nowego produktu, uwzględniającej kampanie na Facebooku, e-mail marketing i reklamy Google.

Optymalizacja stron pod kątem SEO:

Specjaliści SEO pracują nad optymalizacją witryn internetowych, aby były bardziej zgodne z algorytmami wyszukiwarek. Zajmują się zarówno poprawą treści, jak i struktury strony, aby osiągnąć lepsze pozycje w wynikach wyszukiwania.

Przykładowe zadanie: Zoptymalizowanie treści strony internetowej sklepu online, uwzględniając kluczowe słowa kluczowe związane z ofertą produktową.

Analiza danych i raportowanie:

Marketingowcy online regularnie analizują dane dotyczące kampanii, interakcji użytkowników i efektywności działań. Tworzą raporty, które pomagają zrozumieć, co działa dobrze, a co wymaga poprawy.

Przykładowe zadanie: Analiza wskaźników wydajności kampanii reklamowej i przygotowanie raportu z rekomendacjami na przyszłość.

Kreacja zawartości wizualnej i tekstowej:

Eksperci ds. marketingu online często pracują nad tworzeniem atrakcyjnej zawartości, która przyciągnie uwagę użytkowników. Mogą to być artykuły, grafiki, infografiki czy wideo.

Przykładowe zadanie: Stworzenie serii postów na Instagramie, przedstawiających kulisy produkcji nowej kolekcji ubrań.

Wymagane standardy jakości pracy

1. **Zrozumienie rynku i klienta**: Marketingowcy online muszą dokładnie zrozumieć rynek, w

którym działa klient, oraz potrzeby i preferencje grupy docelowej.

2. **Umiejętności analityczne**: Eksperci SEO i marketingu online muszą posiadać umiejętności analityczne do skutecznej oceny wyników kampanii i dostosowywania strategii.

3. **Kreatywność**: W świecie online, kreatywność jest kluczowa. Tworzenie atrakcyjnych treści i nietypowych kampanii może przyciągnąć uwagę użytkowników.

4. **Znajomość narzędzi analitycznych i SEO**: Skuteczna praca wymaga biegłego posługiwania się narzędziami analitycznymi do monitorowania działań oraz narzędziami SEO do optymalizacji witryn.

Dziedzina marketingu online i SEO to nie tylko promowanie produktów czy usług w wirtualnym świecie, ale również sztuka zrozumienia rynku, kreatywnego podejścia do tworzenia kampanii i umiejętności optymalizacji online. Specjaliści w tej dziedzinie nie tylko zwiększają widoczność w sieci, ale także budują trwałe relacje z klientami, wykorzystując potencjał cyfrowych narzędzi do kreowania pozytywnego wizerunku marki.

5. Mosty między językami - sztuka tłumaczenia i korekty tekstów

Rola tłumaczy i korektorów tekstów nabiera nieocenionego znaczenia. Freelancerzy specjalizujący się w tłumaczeniach i korektach są kluczowi dla osób i firm, które pragną dotrzeć do różnych grup docelowych na całym świecie, zachowując jednocześnie precyzję i klarowność komunikacji.

Zadania tłumacza i korektora tekstów

Tłumaczenie treści piszczących z zakamarków świata:

Freelanserzy w tej dziedzinie tłumaczą różnorodne treści, począwszy od artykułów prasowych, poprzez strony internetowe, po specjalistyczne teksty naukowe. Muszą nie tylko przekładać słowa, ale także zrozumieć kontekst i przekazać oryginalne znaczenie.

Przykładowe zadanie: Tłumaczenie bloga modowego na język hiszpański, uwzględniając specyfikę lokalnego rynku.

Praca z językiem specjalistycznym:

Tłumacze często pracują z tekstami, które wymagają specjalistycznej wiedzy, na przykład w dziedzinie prawa, medycyny czy inżynierii. Muszą być biegli zarówno w języku źródłowym, jak i docelowym, aby przekazać fachową terminologię.

Przykładowe zadanie: Tłumaczenie instrukcji obsługi dla nowego urządzenia medycznego.

Korekta tekstów:

Korektorzy tekstów dbają o poprawność językową, stylistyczną i gramatyczną. Ich zadaniem jest nie tylko usuwanie błędów, ale również dostosowywanie tekstu do konwencji i oczekiwań klienta.

Przykładowe zadanie: Korekta manuskryptu książki przed jej publikacją, obejmująca zarówno poprawki językowe, jak i sugestie stylistyczne.

Dostosowywanie treści do kulturowych nuansów:

Tłumacze muszą uwzględniać różnice kulturowe, aby przekład był zrozumiały i akceptowalny dla odbiorcy docelowego. To wymaga nie tylko znajomości języka, ale także kultury i kontekstu społecznego.

Przykładowe zadanie: Tłumaczenie kampanii reklamowej z myślą o rynku azjatyckim, dostosowując ją do miejscowych zwyczajów i norm.

Wymagane standardy jakości pracy

1. **Biegłość językowa**: Tłumacze i korektorzy muszą być biegli w języku źródłowym i docelowym, posiadając zarówno umiejętność swobodnego posługiwania się słownictwem, jak i zrozumienia kontekstu.

2. **Dokładność i precyzja**: W pracy z tekstem, najmniejszy błąd może zmienić znaczenie. Wymaga to skrupulatności, precyzji i dbałości o szczegóły.

3. **Zrozumienie kultury**: Znajomość różnic kulturowych jest kluczowa, zwłaszcza w przypadku tłumaczeń, aby zachować autentyczność i zrozumienie dla lokalnych realiów.

4. **Zachowanie terminów**: Freelancerzy w tej dziedzinie często pracują z ściśle określonymi terminami, dlatego zdolność do skutecznego zarządzania czasem jest kluczowa.

Freelancing w tłumaczeniach i korektach tekstów to nie tylko praca z językiem, ale także łączenie różnych kultur i światów słów. Specjaliści w tej dziedzinie nie tylko tłumaczą teksty, ale również przekazują emocje, subtelności i niuanse językowe. Ich praca wymaga nie tylko biegłości w dwóch językach, ale także zdolności zrozumienia kontekstu, w jakim tekst jest używany.

Wyjątkowość tłumaczeń

- **Wrażliwość na nuanse językowe**: Tłumacze muszą być wyczuleni na niuanse językowe i różnice semantyczne między językami. Przekład nie polega tylko na przeniesieniu słów z jednego języka na drugi, ale również na zachowanie ich pierwotnego znaczenia i kontekstu.

- **Dostosowanie do odbiorcy**: Tłumacze muszą brać pod uwagę odbiorcę docelowego, dostosowując nie tylko treść, ale również styl do preferencji i oczekiwań danej grupy czytelników.

- **Biegłość techniczna**: W przypadku tłumaczeń specjalistycznych, tłumacze muszą posiadać biegłą wiedzę techniczną z zakresu danej dziedziny, aby precyzyjnie przekazywać specjalistyczną terminologię.

Wyzwania korekty tekstów

- **Dbałość o kontekst kulturowy**: Korektorzy, oprócz poprawy błędów językowych, muszą być w stanie zrozumieć kontekst kulturowy, aby uniknąć potencjalnych faux pas czy błędów interpretacyjnych.

- **Zachowanie autentyczności**: W trakcie korekty, należy dbać o to, aby tekst zachował autentyczność i styl autora, jednocześnie eliminując błędy i poprawiając czytelność.

Wyzwania wspólne

- **Zachowanie prywatności i poufności**: Freelancerzy w tłumaczeniach i korektach często pracują z poufnymi informacjami. Dlatego kluczowe jest zachowanie pełnej poufności i przestrzeganie zasad etyki zawodowej.

- **Utrzymanie konsystencji**: W przypadku dłuższych projektów czy serii dokumentów, ważne jest utrzymanie konsystencji terminologii, stylu i tonu, aby zachować spójność przekazu.

6. Wirtuozowie wirtualnej interakcji - Social media management

Media społecznościowe stały się epicentrum interakcji online, rola specjalistów zajmujących się zarządzaniem social media stała się kluczowa dla firm i marek. Freelancerzy w tej dziedzinie nie tylko tworzą i publikują treści, ale także kształtują wizerunek marki, angażując się w interakcje z użytkownikami i budując trwałe relacje w wirtualnym świecie.

Zadania social media managera

Tworzenie strategii social media:

Osoby odpowiedzialne za zarządzanie mediami społecznościowymi muszą opracować kompleksowe strategie, określając cele, grupy docelowe i kanały komunikacji. Strategia obejmuje zarówno treści organiczne, jak i płatne.

Przykładowe zadanie: Opracowanie planu działań na platformie Instagram, z naciskiem na zwiększenie zaangażowania użytkowników.

Tworzenie i publikacja treści:

Social media managerowie są odpowiedzialni za tworzenie atrakcyjnych treści, takich jak posty, grafiki, wideo czy infografiki. Muszą dostosować treści do specyfiki danego kanału.

Przykładowe zadanie: Stworzenie serii postów na Facebooka promujących nowy produkt firmy.

Analiza danych i wyników:

Monitorowanie danych analitycznych jest kluczowe dla skutecznego zarządzania social media. Freelancerzy muszą analizować wyniki kampanii, zrozumieć interakcje użytkowników i dostosowywać strategię.

Przykładowe zadanie: Analiza wskaźników zaangażowania na Twitterze i dostosowanie planu komunikacji zgodnie z wynikami.

Reakcja na komentarze i recenzje:

Social media managerowie muszą być aktywni w interakcjach z użytkownikami, odpowiadając na komentarze, reagując na recenzje i rozwiązując ewentualne problemy.

Przykładowe zadanie: Skoordynowanie odpowiedzi na negatywny komentarz na platformie YouTube i podjęcie działań naprawczych.

Wymagane standardy jakości pracy

1. **Kreatywność**: Freelancerzy zajmujący się zarządzaniem social media muszą być kreatywni, tworząc treści, które przyciągną uwagę i wyróżnią się w tłumie.

2. **Zrozumienie trendów**: W mediach społecznościowych ważne jest śledzenie trendów i dostosowywanie treści do bieżących zainteresowań użytkowników.

3. **Umiejętność komunikacji**: Komunikacja online wymaga specjalnych umiejętności. Social Media Managerowie muszą być komunikatywni, elastyczni i potrafić dostosować styl do różnych grup docelowych.

4. **Odporność na stres**: Świat social media działa w tempie ekspresowym, dlatego freelanserzy muszą być odporni na stres i elastyczni w dostosowywaniu się do zmieniających się warunków.

Zadania w dziedzinie zarządzania mediami społecznościowymi to nie tylko praca z treściami online, ale również budowanie społeczności, angażowanie użytkowników i kształtowanie wizerunku marki w wirtualnym świecie. Social Media Managerowie pełnią rolę wirtualnych ambasadorów firm, tworząc mosty komunikacyjne między marką a jej klientami. Ich praca nie tylko zwiększa widoczność marki, ale także buduje zaufanie i lojalność klientów poprzez aktywne uczestnictwo w społeczności online. To dynamiczny zawód, który nieustannie ewoluuje wraz z rozwojem nowych trendów i platform społecznościowych.

7. Mistrzowie transformacji - doradztwo biznesowe i life coaching

Freelancerzy, którzy specjalizują się w dziedzinie doradztwa biznesowego i life coachingu, pełnią rolę przewodników i współkreatorów sukcesu dla swoich klientów. Działa to szeroko, obejmując obszary zarówno biznesowe, jak i osobiste. Ich misja to nie tylko przekazywanie wiedzy, ale także inspirowanie do zmiany, rozwijania potencjału i osiągania celów, zarówno w sferze zawodowej, jak i życiowej.

Zadania doradcy biznesowego i life coacha

Analiza biznesowa:

Doradcy biznesowi przeprowadzają szczegółową analizę przedsiębiorstwa, identyfikując mocne strony, słabe punkty, szanse i zagrożenia. Na podstawie tych danych wspólnie z klientem opracowują strategie rozwoju.

Przykładowe zadanie: Analiza efektywności operacyjnej w firmie i proponowanie działań usprawniających procesy.

Planowanie strategiczne:

Wspólnie z klientem opracowywanie długofalowych planów strategicznych obejmujących cele, priorytety i działania potrzebne do osiągnięcia sukcesu.

Przykładowe zadanie: Wypracowanie planu rozwoju na najbliższe pięć lat dla firmy działającej w branży e-commerce.

Life coaching:

Life coachowie pomagają klientom w identyfikowaniu celów życiowych, tworzeniu planów działań i przezwyciężaniu przeszkód osobistych. To także praca nad równowagą między życiem zawodowym a prywatnym.

Przykładowe zadanie: Life coaching dla osoby, która chce znaleźć równowagę między wymaganiami zawodowymi a życiem rodzinny.

Rozwój umiejętności miękkich:

Freelanserzy w tej dziedzinie pomagają w rozwijaniu umiejętności miękkich, takich jak komunikacja, zarządzanie czasem czy budowanie relacji.

Przykładowe zadanie: Szkolenie z zakresu skutecznej komunikacji dla zespołu pracowników.

Wymagane standardy jakości pracy

1. **Empatia i zrozumienie**: Doradcy biznesowi i life coachowie muszą być empatyczni i zdolni do zrozumienia sytuacji klienta, aby skutecznie pomóc w rozwoju.

2. **Doskonałe umiejętności komunikacyjne**: Skuteczna komunikacja jest kluczowa. Freelanserzy muszą potrafić wyrażać swoje pomysły jasno i zrozumiale oraz słuchać ze zrozumieniem.

3. **Profesjonalizm**: W dziedzinie doradztwa biznesowego, profesjonalizm i etyka są niezwykle

ważne. Doradcy muszą przestrzegać standardów etycznych i dbać o poufność informacji.

4. **Skuteczne zarządzanie czasem**: Zarządzanie czasem jest kluczowe, zwłaszcza gdy pracuje się z klientami biznesowymi. Doradcy muszą być zorganizowani i skoncentrowani na skutecznych rezultatach.

Ludzie specjalizujący się w doradztwie biznesowym i life coachingu to nie tylko eksperci w swoich dziedzinach, ale również towarzysze podróży życiowej i zawodowej dla swoich klientów. Ich praca obejmuje wsparcie w realizacji marzeń, rozwijaniu potencjału oraz pokonywaniu przeszkód. To zawód, który wymaga nie tylko wiedzy merytorycznej, ale także umiejętności empatii, zrozumienia i inspiracji do zmiany. Dla wielu klientów freelancerzy w tej dziedzinie stają się kluczowymi postaciami, otwierającymi drzwi do nowych możliwości i prowadzącymi ich ku sukcesowi, zarówno w biznesie, jak i życiu osobistym.

Możliwości zawodowe w świecie freelancingu są nieograniczone. W miarę jak technologia się rozwija, a rynek pracy staje się coraz bardziej globalny, pojawiają się nowe obszary, w których specjaliści mogą rozwijać swoje kariery jako niezależni freelancerzy. Dla wielu osób to nie tylko sposób na zarabianie pieniędzy, ale również na spełnianie się zawodowe i rozwijanie pasji w elastyczny sposób.

Strony dla freelancerów

1. **Upwork**: Jedna z największych i najbardziej wszechstronnych platform. Znajdziesz tu projekty z różnych dziedzin, od pisania i projektowania grafiki po programowanie.

2. **Fiverr**: Skoncentrowana na usługach o wartości pięciu dolarów, Fiverr umożliwia freelancerom oferowanie krótkich, specjalistycznych usług.

3. **Freelancer**: Podobna do Upwork, z bogatą ofertą projektów. Freelancer oferuje także konkursy, w których freelancerzy mogą konkurować o projekty.

4. **Toptal**: Dla profesjonalistów z branży IT i programowania. Toptal łączy najwyższej jakości specjalistów z klientami poszukującymi ekspertów.

5. **PeoplePerHour**: Skupia się na projektach z obszaru marketingu, projektowania i programowania. Freelancerzy mogą oferować swoje usługi na godziny lub za stałą cenę.

Jak się poruszać na opisywanych stronach? Omówmy jedną z nich!

Krok 1: Rejestracja i utworzenie profilu

- Zarejestruj się na stronie Upwork, używając swojego adresu e-mail.

- Utwórz kompletny profil, dodając informacje o swoich umiejętnościach, doświadczeniu i portfolio.

- Dodaj profesjonalne zdjęcie, aby zwiększyć atrakcyjność Twojego profilu.

Krok 2: Wyszukiwanie projektów

- Przeglądaj dostępne projekty na Upwork zgodne z Twoimi umiejętnościami i zainteresowaniami.

- Używaj filtrów, aby zawęzić wyszukiwanie do konkretnego rodzaju projektu, budżetu czy lokalizacji klienta.

Krok 3: Aplikowanie do projektów

- Twórz indywidualne oferty dostosowane do wymagań konkretnego projektu.

- Podkreśl swoje doświadczenie i umiejętności, wyjaśniając dlaczego jesteś odpowiednim kandydatem.

Krok 4: Budowanie pozytywnej historii

- Dostarczaj wysokiej jakości pracy i terminowo spełniaj wymagania klientów.

- Prosi klientów o wystawienie opinii po zakończeniu projektu.

Krok 5: Rozwój umiejętności

- Udostępniaj i zdobywaj nowe umiejętności poprzez kursy online.

- Aktualizuj swój profil regularnie, pokazując, że jesteś na bieżąco z najnowszymi trendami.

Jak być skutecznym freelancerem?

1. **Profesjonalny profil**: Stwórz kompletny i profesjonalny profil, uwzględniający wszystkie ważne informacje o Twoich umiejętnościach i doświadczeniu.

2. **Personalizowane aplikacje**: Unikaj standardowych aplikacji. Dostosowuj swoje oferty do konkretnych projektów, podkreślając, dlaczego jesteś najlepszym wyborem.

3. **Doskonała komunikacja**: Bądź otwarty na komunikację z klientem. Odpowiadaj na wiadomości szybko i klarownie.

4. **Terminowość** Zawsze dostarczaj pracę zgodnie z ustalonymi terminami. Terminowość buduje

pozytywną reputację.

5. **Kontynuuj rozwój**: Inwestuj w rozwój swoich umiejętności, ucząc się nowych technologii i śledząc najnowsze trendy w swojej dziedzinie.

6. **Opinie i rekomendacje**: Zachęcaj klientów do wystawiania opinii i rekomendacji. Pozytywne recenzje zwiększają atrakcyjność Twojego profilu.

Portfolio

Twoje portfolio jako freelancer to wizytówka, która może otworzyć przed Tobą drzwi do nowych projektów i klientów. Poniżej dowiesz się, jak stworzyć takie, które nie tylko przyciągnie uwagę pracodawcy, ale również zachwyci go jakością Twojej pracy.

Określ swój cel

Zanim zaczniesz tworzyć portfolio, zastanów się, jakie cele chcesz osiągnąć. Czy chcesz przyciągnąć nowych klientów, zdobyć konkretne projekty czy zwrócić uwagę pracodawców? Określenie celu pomoże Ci dostosować treść portfolia do oczekiwań swojej docelowej grupy.

Wybierz platformę i format

Decydując się na format portfolia, zastanów się, czy chcesz utworzyć stronę internetową, tradycyjny dokument PDF czy może portfolio w formie prezentacji multimedialnej. Wybierz platformę, która najlepiej odzwierciedli Twoje umiejętności i styl.

Zadbaj o profesjonalny wygląd

Pierwsze wrażenie ma ogromne znaczenie. Postaraj się, aby Twoje portfolio było estetyczne, zadbaj o czytelność i spójność wizualną. Użyj profesjonalnych zdjęć i starannie wybranej czcionki.

Wskaż szeroką paletę umiejętności

Pokaż różnorodność swoich umiejętności. Obejmij różne projekty, które prezentują skalę Twojej wiedzy i doświadczenia. To pokaże pracodawcom, że jesteś elastyczny i gotowy na różnorodne wyzwania.

Dodaj studia przypadku

Studia przypadku są doskonałym sposobem na pokazanie, w jaki sposób podejście do projektu i jakie były jego rezultaty. Opisz problemy, z którymi się spotkałeś, oraz jak je rozwiązałeś. To pomoże potencjalnym klientom zrozumieć, jak pracujesz.

Opracuj spersonalizowany opis o sobie

Nie zapomnij dodać osobistego opisu, który przedstawi Cię jako profesjonalistę z pasją. Odpowiedz na pytania takie jak: kim jesteś, jakie są Twoje główne umiejętności, dlaczego warto z Tobą współpracować.

Dodaj referencje i opinie

Referencje od poprzednich klientów lub opinie na temat Twojej pracy są potężnym narzędziem. Dodaj krótkie cytaty lub pełne referencje od zadowolonych klientów, aby zbudować zaufanie do Twoich umiejętności.

Podkreśl wyniki osiągnięte w poprzednich projektach

Ważne jest nie tylko pokazanie, co zrobiłeś, ale także jakie były wyniki Twojej pracy. Jeśli Twoje działania przyniosły konkretne korzyści, podkreśl to w portfolio.

Utrzymuj portfolio na bieżąco

Portfolio to dokument żyjący. Aktualizuj go regularnie, dodając nowe projekty i osiągnięcia. To pokaże, że jesteś aktywny i rozwijasz się jako profesjonalista.

Organizacja pracy – kluczowa dla efektywności freelancera

Skuteczna organizacja jest niezbędna do osiągania sukcesu w świecie freelancingu. W poniższym tekście przedstawię strategie zarządzania czasem, tworzenia harmonogramów oraz priorytetyzowania zadań. Odkryj techniki, które pomogą utrzymać wysoką produktywność, nawet pracując nad wieloma projektami jednocześnie.

1) **Planowanie dnia** – Rozpocznij dzień od planowania. Przykładowo, stwórz listę zadań, która uwzględnia terminy, priorytety i specyfikacje każdego projektu. Zadania podziel na te, które wymagają natychmiastowej uwagi, oraz te, które można zrealizować później. Planowanie dnia pozwoli uniknąć chaosu i skoncentrować się na kluczowych zadaniach.

2) **Tworzenie harmonogramów** – Stwórz harmonogram pracy, który obejmuje określone godziny na każdy projekt. Przykładowo, jeśli pracujesz nad kilkoma zleceniami jednocześnie, przydziel konkretne godziny na każdy projekt. To pomaga utrzymać jasność co do priorytetów i minimalizuje ryzyko opóźnień.

3) **Priorytetyzacja zadań** – Zidentyfikuj kluczowe zadania i priorytetyzuj je zgodnie z ich znaczeniem i terminami. Przykładowo, jeśli masz projekt z krótkim terminem, uznaj go za priorytetowy. Priorytetyzacja pomaga skupić się na kluczowych elementach i uniknąć

rozproszenia uwagi.

4) **Techniki pomodoro** - Zastosuj techniki, takie jak Pomodoro, aby skoncentrować się na pracy w określonym czasie, a następnie zrobić krótką przerwę. Przykładowo, pracuj intensywnie przez 25 minut, a następnie zrób 5-minutową przerwę. Cykl powtarzaj, co pomaga utrzymać wysoką koncentrację i efektywność.

5) **Kategoryzacja zadań** – Kategoryzuj zadania według rodzaju pracy, terminów czy priorytetów. Przykładowo, grupuj zadania związane z jednym projektem, aby łatwiej utrzymać porządek. Kategoryzacja pomaga w szybszym odnajdywaniu informacji i efektywniejszym zarządzaniu projektami.

6) **Otwarta komunikacja** – Utrzymuj otwartą komunikację z klientami, aby uniknąć nieporozumień i opóźnień. Przykładowo, regularnie informuj klientów o postępach, zadawaj pytania dotyczące szczegółów projektu i bądź gotów na szybkie reakcje na ich sugestie czy pytania.

7) **Narzędzia do zarządzania projektem** – Korzystaj z narzędzi do zarządzania projektami, takich jak Trello, Asana czy Jira. Przykładowo, te platformy pozwalają tworzyć zadania, śledzić postępy, nadawać priorytety i łatwo współpracować z klientami. Narzędzia te ułatwiają utrzymanie porządku i efektywne zarządzanie projektem.

8) **Samodyscyplina** – Wzmacniaj samodyscyplinę, aby utrzymać dyscyplinę w organizacji pracy. Przykładowo, określ godziny pracy, w których skupisz się wyłącznie na projektach, unikaj rozpraszaczy i trzymaj się ustalonego harmonogramu. Samodyscyplina to klucz do indywidualnego sukcesu w pracy freelancera.

9) **Przerwy na regenerację** – Zaplanuj przerwy na regenerację, aby utrzymać wydajność przez cały dzień. Przykładowo, rób krótkie spacery, praktykuj jogę czy skorzystaj z technik relaksacyjnych. Przerwy pozwalają na zresetowanie umysłu i utrzymanie wysokiego poziomu kreatywności.

10) **Analiza efektywności** – Regularnie analizuj efektywność swojej organizacji pracy. Przykładowo, po zakończeniu projektu zastanów się, co można było zrobić lepiej. Analiza pozwala doskonalić procesy i adaptować się do zmieniających się potrzeb.

Zarobki

Oto przykładowe orientacyjne stawki za cały projekt w różnych branżach dla freelancerów. Pamiętaj, że rzeczywiste stawki mogą się różnić w zależności od wielu czynników, w tym doświadczenia, umiejętności i specyfiki projektu.

Programowanie i rozwój oprogramowania:

- Prosty projekt strony internetowej: 250 $ -1 500 $
- Tworzenie aplikacji mobilnej: 1 000 $ – 8 000+ $
- Opracowanie niestandardowego oprogramowania: 3 000 $ - 20 000+ $

Projektowanie graficzne:

- Projekt logo: 30 $ - 350 $
- Tworzenie identyfikacji wizualnej firmy: 300 $ - 1 200 $
- Ilustrowanie całej książki: 400 $ - 3 500 + $

Copywriting i content marketing:

- Stworzenie artykułu blogowego (500 słów): 25 $ - 100 $
- Pisanie kampanii reklamowej: 100 $ - 800 $
- Opracowanie treści na stronę internetową: 250 $ - 1 500 $

Marketing online i SEO:

- Optymalizacja strony pod kątem SEO: 150 $ - 1 000 $
- Kampania reklamowa w mediach społecznościowych: 250 $ - 1 500 $
- Tworzenie strategii marketingowej online: 500 $ - 3 000 $

Tłumaczenie i korekta tekstów:

- Przekład artykułu (500 słów): 20 $ - 100$
- Tłumaczenie stron internetowych: 100 $ - 500 $
- Korekta tekstu książki: 250 $ - 1 500 + $

Social media management:

- Zarządzanie jednym profilem społecznościowym: 150 $ - 1 000 $

- Planowanie i realizacja kampanii na kilku platformach: 600 $ - 2 000 + $ miesięcznie

Stawki za cały projekt są często negocjowane między freelancerem, a klientem i zależą od różnych czynników, takich jak złożoność projektu, zakres pracy i oczekiwania klienta. Freelancerzy często dostosowują stawki w zależności od własnych doświadczeń, umiejętności i wartości, jaką przynoszą klientowi. Warto również uwzględnić, że niektóre branże i specjalizacje mogą wymagać specyficznego podejścia do wyceny projektów.

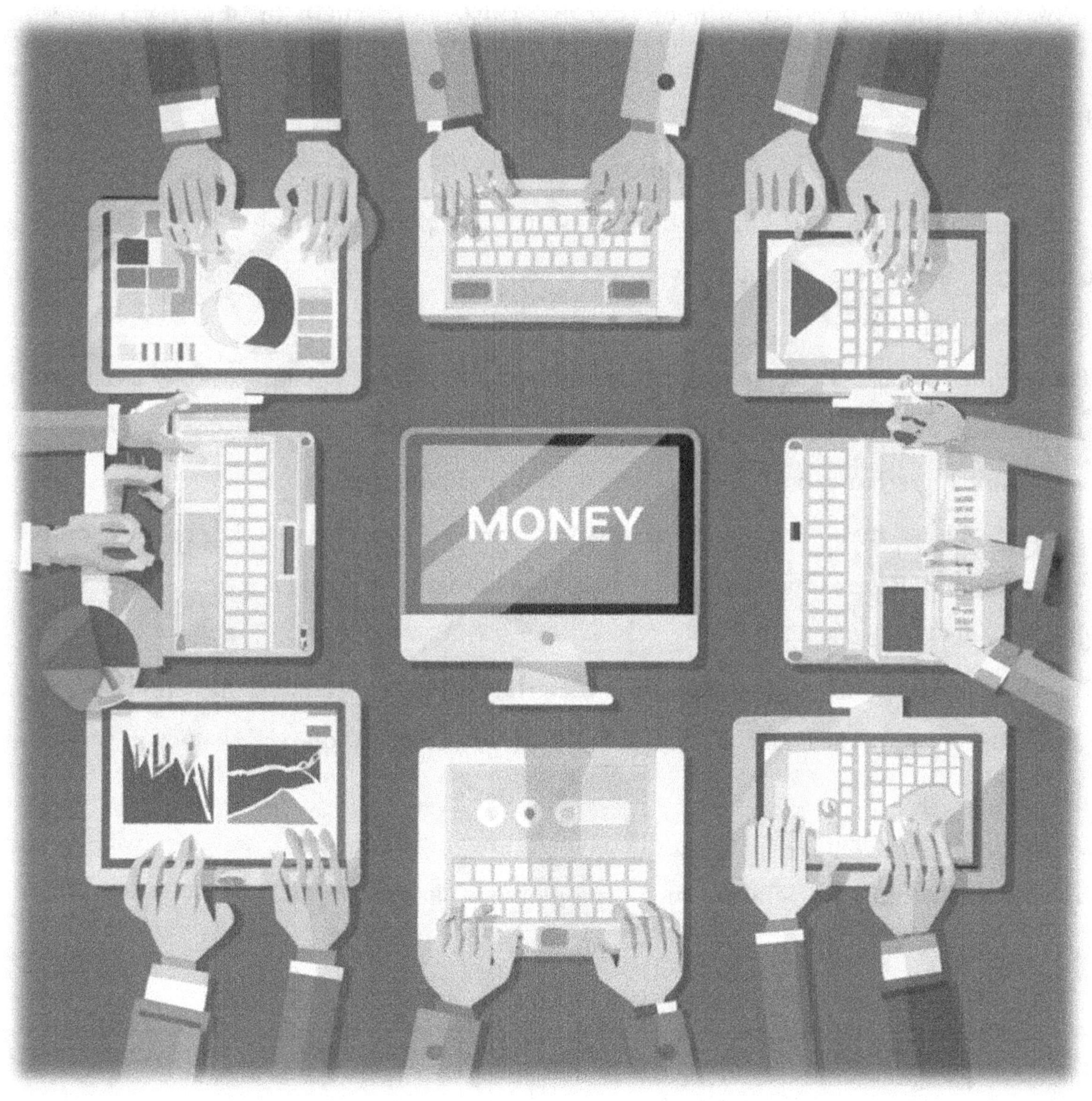

Rozdział 7. Tworzenie i sprzedaż kursów online

Jednym z najważniejszych trendów ostatnich lat są kursy online, które przekształcają sposób, w jaki zdobywamy wiedzę. Czym jednak tak naprawdę one są? Kursy online, nazywane również e-learningiem, to forma edukacji, w której uczestnicy zdobywają wiedzę za pomocą internetu. Obejmuje to różnorodne dziedziny, począwszy od kursów akademickich, poprzez szkolenia zawodowe, aż po kursy hobbystyczne. Dostępność internetu umożliwia uczestnikom naukę w dowolnym miejscu i czasie, co sprawia, że edukacja staje się bardziej dostępna niż kiedykolwiek wcześniej.

Zalety kursów online

1. Jedną z największych zalet kursów online jest ich dostępność dla osób z całego świata. Nie ma znaczenia, czy uczysz się z domu, kawiarni czy podróżujesz – wystarczy dostęp do internetu, aby kontynuować naukę.

2. Tradycyjne zajęcia mają określony harmonogram, który czasami może być trudny do pogodzenia z innymi zobowiązaniami. Kursy online pozwalają na dostosowanie się do indywidualnych grafików, umożliwiając naukę w dogodnym czasie.

3. Internet oferuje nieograniczone możliwości, jeśli chodzi o tematykę kursów online. Od programowania, poprzez sztuczną inteligencję, psychologię, aż po sztukę czy gotowanie – każdy znajdzie coś dla siebie.

4. Kursy online często oferują interaktywne materiały, quizy i forum, co umożliwia uczestnikom indywidualizację procesu nauki. Każdy może znaleźć najlepszy dla siebie sposób przyswajania wiedzy.

5. Dzięki nim możesz uczyć się w międzynarodowym środowisku, nawiązywać kontakty z ludźmi z różnych kultur i dzielić się wiedzą na globalną skalę.

Wyzwania kursów online

1. Nauka online wymaga dużej samodyscypliny. Brak fizycznego nadzoru instruktora sprawia, że uczestnicy muszą sami zarządzać swoim czasem i motywacją.

2. Brak fizycznego kontaktu z nauczycielem i innymi uczniami może być wyzwaniem, zwłaszcza dla osób preferujących tradycyjne formy nauki.

3. Problemy techniczne, takie jak problemy z internetem czy awarie platform edukacyjnych, mogą stanowić przeszkodę w kontynuowaniu nauki.

Tworzenie wartościowych treści na kurs online

Zrozumienie potrzeb uczestników - Pierwszym krokiem do stworzenia wartościowej treści jest zrozumienie potrzeb swoich potencjalnych uczestników. Przeprowadź badania rynku, analizuj trendy i zastanów się, jakie umiejętności lub wiedza są obecnie najbardziej poszukiwane. To pozwoli ci dostosować swój kurs do realnych potrzeb uczestników.

Inspiracja z prawdziwego życia - Wartościowe treści często wynikają z rzeczywistych doświadczeń i problemów. Zastanów się, co Cię inspiruje w danej dziedzinie i jakie wyzwania napotykają inni. Tworzenie treści, które rozwiązują rzeczywiste problemy, sprawia, że kurs staje się praktyczny i użyteczny.

Personalizacja treści - W dzisiejszych czasach uczestnicy szukają kursów online, które są dostosowane do ich indywidualnych potrzeb. Dlatego warto rozważyć personalizację treści, umożliwiając uczestnikom wybór ścieżki nauki zgodnej z ich zainteresowaniami i poziomem zaawansowania.

Wykorzystanie nowoczesnych narzędzi - Korzystaj z nowoczesnych narzędzi edukacyjnych, aby uczynić swoje materiały bardziej atrakcyjnymi. Wideo, interaktywne zadania, quizy online - wszystko to sprawia, że proces nauki staje się bardziej dynamiczny i angażujący.

Prowadzenie badań i aktualizacje - Świat się zmienia, a wraz z nim rozwijają się również dziedziny wiedzy. Prowadź regularne badania i bądź na bieżąco z najnowszymi trendami w swojej dziedzinie. Aktualizuj swoje materiały, dodawaj nowe informacje i dostosowuj kurs do zmieniających się potrzeb uczestników.

Budowanie społeczności - Wartościowy kurs online to nie tylko zbiór informacji, ale również społeczność uczących się. Zachęcaj do dyskusji, organizuj webinaria, buduj relacje między uczestnikami. Tworzenie społeczności wokół kursu sprawia, że nauka staje się bardziej interaktywna i przyjemna.

Rozwijanie umiejętności praktycznych - Uczestnicy kursów online często poszukują nie tylko teoretycznej wiedzy, ale także umiejętności praktycznych, które mogą zastosować w realnym życiu. Stąd też warto stworzyć treści, które nie tylko przekazują informacje, ale również zachęcają do praktycznego stosowania zdobytej wiedzy.

Skuteczna promocja

Tworzenie wartościowego kursu online to tylko połowa sukcesu. Drugą, równie istotną częścią jest skuteczna promocja, która przyciągnie uwagę potencjalnych uczestników. Dzisiaj odpowiednie strategie promocyjne mogą zdecydować o powodzeniu Twojego kursu. Oto kilka niezbędnych ku temu kroków:

1. Zanim zaczniesz promować swój kurs, dokładnie określ, kto jest Twoim idealnym uczestnikiem. Zrozumienie potrzeb i zainteresowań grupy docelowej pozwoli Ci dostosować strategię promocyjną do konkretnych oczekiwań.

2. Twoja strona internetowa to wizytówka kursu online. Upewnij się, że jest estetyczna, czytelna i zawiera kluczowe informacje o kursie, takie jak program, formy nauki, opinie poprzednich uczestników, oraz jasny sposób rejestracji.

3. Media społecznościowe to potężne narzędzie do promocji kursów online. Wybierz platformy, na których znajduje się Twoja grupa docelowa, i systematycznie udostępniaj treści związane z kursem. Stwórz także grupę dyskusyjną, gdzie potencjalni uczestnicy mogą zadawać pytania i dzielić się opiniami.

4. Zacznij blogować na tematy związane z treściami kursu. To nie tylko podniesie widoczność Twojej strony w wynikach wyszukiwania, ale także pokaże Twoją ekspertyzę. Warto również rozważyć tworzenie krótkich filmów promocyjnych lub mini-lekcji, które zaprezentują fragmenty treści kursu.

5. Zdobądź wsparcie od osób z branży, które cieszą się uznaniem wśród Twojej grupy docelowej. Współpraca z influencerami może zwiększyć zasięg Twojej promocji i zbudować zaufanie do Twojego kursu.

6. Webinary są doskonałym narzędziem do prezentacji treści kursu, budowania relacji z potencjalnymi uczestnikami i odpowiadania na ich pytania na żywo. Darmowe webinary są świetnym sposobem na przyciągnięcie uwagi i zbudowanie zainteresowania.

7. Kampanie reklamowe w wyszukiwarkach internetowych, na platformach społecznościowych czy w sieci reklamowej Google mogą skutecznie zwiększyć widoczność Twojego kursu. Dzięki precyzyjnym ustawieniom targetowania możesz dotrzeć do konkretnych grup odbiorców.

8. Wprowadź promocje i rabaty dla pierwszych uczestników lub tych, którzy polecają kurs innym. To skuteczny sposób na przyspieszenie procesu rejestracji i zbudowanie momentum wokół kursu.

Aktywne monitorowanie komentarzy

Jednym z pierwszych kroków do profesjonalnej obsługi uczestników jest aktywne monitorowanie komentarzy na platformie kursu oraz na mediach społecznościowych. Bądź świadomy tego, co uczestnicy mówią na temat kursu, reaguj na pozytywne komentarze, a także podejmuj się konstruktywnej rozmowy w przypadku ewentualnych krytyk.

Błyskawiczne odpowiadanie na pytania

Szybka i skuteczna komunikacja z uczestnikami to klucz do zbudowania zaufania. Odpowiadaj na pytania z zainteresowaniem, starając się dostarczyć jak najbardziej zrozumiałe odpowiedzi. Uczestnicy cenią sobie, gdy otrzymują wsparcie w czasie rzeczywistym.

Budowanie relacji z uczestnikami

Nie ograniczaj się jedynie do funkcji instruktora czy administratora. Stwórz prawdziwą społeczność wokół Twojego kursu, budując relacje z uczestnikami. Organizuj sesje pytań i odpowiedzi, zachęcaj do dzielenia się doświadczeniami, a także angażuj się w rozmowy na forum. To podejście nie tylko podnosi jakość obsługi, ale również tworzy atmosferę wzajemnego wsparcia.

Udoskonalanie kursu na podstawie opinii

Opinie uczestników są cennym źródłem informacji zwrotnych. Bądź otwarty na konstruktywną krytykę i wykorzystaj ją do udoskonalania kursu. Śledź opinie, analizuj sugestie, a następnie wprowadzaj odpowiednie zmiany. Uczestnicy docenią, gdy zobaczą, że ich głos ma wpływ na rozwój.

Regularne aktualizacje

Dążenie do doskonałości nie kończy się wraz z uruchomieniem kursu. Regularne aktualizacje treści, dodawanie nowych modułów czy udoskonalanie materiałów to sposób na utrzymanie uczestników zainteresowanych i zaangażowanych na dłuższą metę.

Rozwiązuj problemy z determinacją

Nie unikaj rozwiązywania problemów, nawet jeśli wymagają one czasu i wysiłku. Determinacja w rozwiązaniu kłopotów uczestników świadczy o profesjonalizmie i trosce o jakość kursu.

Sztuka nagrywania lekcji kursów online

Nagrywanie lekcji kursów online to sztuka, która wymaga równowagi między jakością treści a profesjonalizmem produkcji. Omówmy jak najefektywniej nagrywać lekcje, aby dostarczyć uczestnikom wartościową i estetyczną edukację online:

1. Zanim włączysz kamerę, zadbaj o **odpowiednie otoczenie**. Wybierz ciche miejsce, wolne od zakłóceń dźwiękowych. Zainwestuj w dobrą jakość oświetlenia, aby uczestnicy mogli wyraźnie widzieć każdy szczegół. Pamiętaj o czytelnej, estetycznej oprawie wizualnej, a także o zorganizowanym i schludnym tle.

2. **Jakość sprzętu** ma ważne znaczenie. Inwestycja w dobrą kamerę, mikrofon i oświetlenie przyniesie znaczny wzrost jakości nagrania. Wybierając oprogramowanie do nagrywania, zwróć uwagę na funkcje edycyjne, które pozwolą ci poprawić ewentualne błędy czy ulepszyć prezentację.

3. Przygotuj się do nagrania poprzez stworzenie szczegółowego **scenariusza i planu lekcji**. Warto mieć jasno określone, co chcesz przekazać w danej lekcji. Unikniesz chaosu i uczestnicy łatwiej zrozumieją przekaz.

4. Chociaż plan lekcji jest istotny, ważne jest również, aby zachować pewną **naturalność i spontaniczność**. Nie bój się improwizować, odpowiadać na pytania na bieżąco i pokazywać swoje autentyczne zaangażowanie w temat.

5. Dbaj o klarowną **dykcję i zrównoważone tempo mówienia**. Zwracaj uwagę na język ciała, aby uczestnicy mogli lepiej zrozumieć przekazywane informacje. Unikaj monotonii, staraj się być dynamiczny, ale jednocześnie klarowny.

6. Wzbogacaj lekcje o **elementy interaktywne**. Dodawaj quizy, pytania do publiczności, a także zachęcaj do dyskusji na platformie kursu. To nie tylko angażuje uczestników, ale także sprawia, że lekcje stają się bardziej pamiętane.

7. Jakość **dźwięku** jest równie ważna, co jakość **obrazu**. Skorzystaj z zewnętrznego mikrofonu, aby uniknąć zakłóceń dźwiękowych. Staraj się nagrywać w cichym otoczeniu, aby uczestnicy mogli klarownie usłyszeć każde słowo.

Pomocnicze programy:

- Platforma MasterClass oferuje kursy online prowadzone przez ekspertów w swoich dziedzinach, zapewniając wysoką jakość produkcji wraz z inspirującymi treściami.
- TED-Ed tworzy krótkie, angażujące lekcje online, wykorzystując animacje, grafiki i profesjonalne narracje.
- Kursy na LinkedIn Learning są znane z profesjonalnej produkcji, a także z

interaktywności, co pomaga uczestnikom utrzymać uwagę.

Nagrywanie lekcji kursów online to sztuka łącząca treść merytoryczną z wysoką jakością produkcji. Profesjonalizm w tym zakresie przyczynia się do większego zaufania uczestników i zwiększa efektywność przekazywanych informacji. Pamiętaj o równowadze między przygotowaniem a spontanicznością, a twój kurs online zyska na atrakcyjności i skuteczności.

Kreatywność i angażowanie uczestników:

W procesie tworzenia lekcji, kluczowe jest nie tylko przekazanie informacji, ale również stworzenie środowiska, które inspiruje kreatywność i utrzymuje uwagę uczestników. Poniżej przedstawione są różnorodne strategie, które mogą być skuteczne w angażowaniu uczestników:

1. Dodanie interaktywnych elementów do lekcji może znacznie zwiększyć zaangażowanie uczestników. To mogą być quizy, gry edukacyjne, sondy czy interaktywne prezentacje. Tego rodzaju narzędzia zachęcają uczestników do aktywnego uczestnictwa, co z kolei przekłada się na lepsze zrozumienie materiału.

2. Wprowadź pytania do prezentacji, aby zachęcić uczestników do refleksji i aktywnego udziału. Organizuj dyskusje, w których uczestnicy mogą dzielić się swoimi spostrzeżeniami, doświadczeniami lub zadawać pytania. To nie tylko angażuje, ale również sprzyja wymianie wiedzy.

3. Włącz do lekcji praktyczne zadania, które umożliwiają uczestnikom zastosowanie zdobytej wiedzy w realnych sytuacjach. Studia przypadków są doskonałym narzędziem, pozwalającym na praktyczne zastosowanie teorii i rozwijanie umiejętności.

4. Staraj się prezentować treści w kreatywny sposób. Wykorzystaj multimedia, animacje, grafiki i inne narzędzia, aby uczynić lekcję bardziej atrakcyjną wizualnie. Wprowadzenie różnorodnych form prezentacji może zainteresować różne style uczenia się.

5. Organizuj projekty grupowe, w których uczestnicy współpracują nad rozwiązaniem konkretnego problemu lub tworzeniem czegoś nowego. To nie tylko stymuluje kreatywność, ale także rozwija umiejętności pracy zespołowej.

6. Staraj się dostosować lekcje do różnych poziomów wiedzy i umiejętności uczestników. Umożliwienie wyboru ścieżki nauki, dostosowanej do indywidualnych potrzeb, sprawia, że uczestnicy czują się bardziej zaangażowani i odpowiedzialni za swój własny rozwój.

7. Regularnie udzielaj feedbacku i nagradzaj uczestników za ich postępy. To motywuje do kontynuowania nauki i tworzy pozytywny klimat edukacyjny.

8. Zapewnij elastyczność w dostępie do materiałów edukacyjnych. Umożliwienie uczestnikom nauki w własnym tempie i dostosowanie lekcji do ich harmonogramu życia zwiększa uczestnictwo.

Kreatywne podejście do projektowania lekcji, z wykorzystaniem interaktywnych elementów, pytań, praktycznych zadań i innych strategii, sprzyja angażowaniu uczestników i tworzeniu efektywnego środowiska edukacyjnego. Wprowadzenie różnorodnych form aktywności pozwala na dostosowanie się do zróżnicowanych preferencji uczących się, co przekłada się na bardziej efektywny proces nauki.

Istnieje wielu przedsiębiorców, ekspertów i pasjonatów, którzy osiągają znaczące zarobki z nagrywania i sprzedaży kursów online. Oto kilka przykładów:

Neil Patel

Tematy kursów - Neil Patel oferuje kursy na tematy związane z marketingiem cyfrowym, SEO (Search Engine Optimization) oraz marketingiem treści. Jego obszerne doświadczenie w branży sprawia, że kursy obejmują zarówno podstawowe, jak i zaawansowane aspekty tych dziedzin.

Sposób prezentacji - Patel zdobył uznanie dzięki praktycznym wskazówkom i strategiom, które dostarcza w swoich kursach. Jego prezentacje charakteryzują się:

Studia przypadku - Patel często korzysta ze studiów przypadków, prezentując rzeczywiste sytuacje z dziedziny marketingu, co umożliwia uczestnikom lepsze zrozumienie teorii poprzez praktyczne przykłady.

Analiza danych - W swoich kursach Patel skupia się na analizie danych, co ma na celu zdemaskowanie skutecznych strategii opartych na rzeczywistych wynikach. To podejście umożliwia uczestnikom lepsze zrozumienie procesów i narzędzi analitycznych.

Omawianie trendów - Patel jest na bieżąco z aktualnymi trendami w dziedzinie marketingu cyfrowego. W swoich kursach skupia się na omawianiu najnowszych trendów, co pozwala uczestnikom dostosować swoje strategie do zmieniającego się otoczenia online.

Neil Patel zawsze stara się dostarczyć praktycznych narzędzi i wskazówek, które uczestnicy mogą natychmiast zastosować w praktyce. Jego kursy nie tylko dostarczają teoretycznej wiedzy, ale również kładą nacisk na umiejętność praktycznego zastosowania zdobytej wiedzy w realnych scenariuszach biznesowych. To podejście przyczynia się do praktycznego i efektywnego rozwoju umiejętności marketingowych uczestników.

Marie Forleo

Tematy kursów - Marie Forleo specjalizuje się w tworzeniu kursów na tematy związane z biznesem, przedsiębiorczością i rozwojem osobistym. Jej wszechstronne podejście obejmuje zarówno praktyczne aspekty prowadzenia biznesu, jak i rozwój umiejętności osobistych niezbędnych do osiągnięcia sukcesu zarówno w życiu zawodowym, jak i prywatnym.

Sposób prezentacji - Marie Forleo wyróżnia się niezwykle energetycznym i inspirującym stylem prezentacji. Jej kursy charakteryzują się:

- **Energicznym podejściem** - Marie emanuje energią i pasją, co sprawia, że uczestnicy są zaangażowani od samego początku. Jej entuzjazm motywuje do działania i podejmowania wyzwań.

- **Łączeniem aspektów biznesowych z rozwojem osobistym** - W przeciwieństwie do wielu innych kursów, Marie Forleo łączy aspekty biznesowe z rozwojem osobistym. Uczestnicy zdobywają nie tylko konkretne umiejętności biznesowe, ale również rozwijają się jako jednostki.

- **Dużą dozą pozytywnej motywacji** - Jej prezentacje są nasycone pozytywną motywacją, co sprawia, że uczestnicy czują się gotowi podjąć wyzwania. Marie kładzie nacisk na budowanie pewności siebie i silnej mentalności.

Marie Forleo stawia na holistyczne podejście do sukcesu, łącząc elementy biznesowe z aspektami osobistymi. Jej kursy nie tylko uczą praktycznych umiejętności niezbędnych do osiągnięcia sukcesu zawodowego, ale także skupiają się na budowaniu równowagi i spełnienia w życiu osobistym. To podejście sprawia, że kursy Marie Forleo są inspirujące i zyskują popularność zarówno wśród przedsiębiorców, jak i osób dążących do samorozwoju.

Andrew Ng

Tematy kursów - Andrew Ng jest jednym z najbardziej uznanych ekspertów w dziedzinie sztucznej inteligencji (SI) i uczenia maszynowego (UM). Jego kursy online koncentrują się głównie na rozwijaniu kompetencji związanych z tymi zaawansowanymi dziedzinami informatyki. Jako profesor na Stanford University i współzałożyciel platformy Coursera, Andrew Ng ma dostęp do najnowszych i najbardziej zaawansowanych treści z obszaru SI i UM.

Sposób prezentacji - Styl prezentacji Andrew Nga charakteryzuje się:

- **Klarownym przekazem teorii** - Andrew Ng słynie z umiejętności przekazywania złożonych koncepcji związanych z SI i UM w sposób zrozumiały dla uczestników na różnych poziomach zaawansowania. Jego kursy oferują solidne podstawy teoretyczne, które są kluczowe dla zrozumienia głębszych aspektów sztucznej inteligencji.

- **Praktycznymi aspektami tematu** - Mimo że tematyka jest zaawansowana, Ng stawia na praktyczne zastosowania. Uczestnicy nie tylko zdobywają teoretyczną wiedzę, ale także uczą się, jak w praktyce implementować modele uczenia maszynowego i aplikować je w rzeczywistych problemach.

- **Interaktywnymi elementami kursu** - Kursy Andrew Nga na platformie Coursera często zawierają interaktywne elementy, takie jak ćwiczenia praktyczne czy projekty, które umożliwiają uczestnikom zastosowanie zdobytej wiedzy w praktyce. To podejście sprzyja lepszemu zrozumieniu i utrwaleniu nauki.

Andrew Ng jest nie tylko autorytetem w dziedzinie SI i UM, ale również doskonale rozumie, jak ważne jest połączenie teorii z praktyką, szczególnie w obszarze, który jest dynamiczny i stale ewoluuje. Jego kursy nie tylko uczą uczestników odkrywania tajników sztucznej inteligencji, ale także inspirują ich do samodzielnego eksperymentowania i rozwoju w tej fascynującej dziedzinie informatyki.

Gabby Bernstein

Tematy kursów - Gabby Bernstein jest cenioną autorką, nauczycielką duchową i mówczynią, która skupia się na tematach związanych z rozwojem duchowym. Jej kursy online obejmują obszary takie jak rozwój osobisty, medytacja, oraz życie zgodne z intuicją. Tematy te są ukierunkowane na pomaganie uczestnikom odnaleźć wewnętrzną równowagę i harmonię.

Sposób prezentacji - Sposób prezentacji Gabby Bernstein wyróżnia się następującymi cechami:

- **Pełna empatii** - Gabby jest znana z empatycznego podejścia do nauczania. Jej prezentacje są pełne zrozumienia i współczucia, co pozwala uczestnikom czuć się komfortowo i zrozumiane podczas podróży rozwoju duchowego.

- **Praktyczne narzędzia integracji duchowności** - Kursy Gabby Bernstein nie ograniczają się jedynie do teorii. Zawierają one praktyczne narzędzia, które pomagają uczestnikom integrować aspekty duchowości w codzienne życie. To praktyczne podejście sprawia, że duchowość staje się bardziej dostępna i stosowalna.
- **Skupienie na rozwoju osobistym** - Pomimo głównej tematyki duchowej, kursy Gabby Bernstein mają również na celu rozwój osobisty uczestników. Skupiają się na budowaniu pewności siebie, radzeniu sobie ze stresem oraz osiąganiu równowagi psychicznej.

Gabby Bernstein inspiruje uczestników do odkrywania głębszego sensu życia i rozwijania swojej duchowości w sposób, który jest praktyczny i dostępny dla każdego. Jej kursy nie tylko pomagają zrozumieć podstawy rozwoju duchowego, ale również dostarczają narzędzi, które uczestnicy mogą zastosować, aby lepiej radzić sobie z wyzwaniami codziennego życia. To podejście sprawia, że duchowość staje się nie tylko abstrakcyjnym konceptem, ale praktycznym narzędziem do lepszego życia.

Chris Guillebeau

Tematy kursów - Chris Guillebeau, autor bestsellerów, podróżnik i przedsiębiorca, oferuje kursy online, które obejmują tematy związane z przedsiębiorczością, podróżami oraz samorozwojem. Jego wszechstronne podejście pozwala uczestnikom zdobywać wiedzę zarówno z obszaru biznesu, jak i życiowych przygód.

Sposób prezentacji - Charakterystyka prezentacji Chrisa Guillebeau obejmuje:

- **Praktyczne aspekty przedsiębiorczości** - Kursy Guillebeau kładą duży nacisk na praktyczne umiejętności związane z zakładaniem własnego biznesu. Uczestnicy uczą się nie tylko teorii przedsiębiorczości, ale także praktycznych kroków niezbędnych do rozpoczęcia własnej działalności.
- **Inspiracja z podróży** - Ze względu na swoje doświadczenia jako podróżnik, Guillebeau integruje tematykę podróży w swoje kursy. Wykorzystuje przykłady z różnych kultur i sytuacji życiowych, co sprawia, że kursy stają się inspirującą podróżą zarówno dla umysłu, jak i ciała.

- **Osiąganie celów życiowych** - Chris Guillebeau skupia się na pomaganiu uczestnikom w osiąganiu celów życiowych. Jego kursy nie są tylko o biznesie czy podróżach, ale również o tym, jak wyznaczać cele, planować ścieżki do ich osiągnięcia i rozwijać się jako jednostka.

Chris Guillebeau oferuje nie tylko praktyczne wskazówki dla przedsiębiorców, ale także inspiruje do życia pełnego przygód i samorealizacji. Jego kursy są pełne przykładów z życia, co sprawia, że uczestnicy mogą łatwiej identyfikować się z omawianymi tematami i wdrażać zdobytą wiedzę w praktyce. To podejście sprawia, że kursy Guillebeau są atrakcyjne dla szerokiego spektrum osób, poszukujących zarówno wiedzy biznesowej, jak i inspiracji do życia pełniejszego i bardziej satysfakcjonującego.

Jakie kursy mogą być strzałem w 10 w 2024 roku?

Prognozowanie konkretnych kursów online, które odniosą sukces w przyszłości, jest trudne ze względu na dynamiczny charakter rynku i zmieniające się trendy. Niemniej jednak, na podstawie ogólnych kierunków rozwoju i powszechnych potrzeb, można przewidzieć, że pewne tematy mogą być atrakcyjne dla uczestników kursów online w 2024 roku. Oto kilka przykładów:

Sztuczna inteligencja (SI) i uczenie maszynowe (UM)

W kontekście kursów online, tematyka SI i UM jest niezwykle dynamiczna. Kursy mogą obejmować wprowadzenie do podstawowych pojęć, takich jak algorytmy uczenia maszynowego, głębokie sieci neuronowe czy przetwarzanie języka naturalnego. Zaawansowane kursy mogą skupiać się na aplikacjach praktycznych, jak np. analiza danych, rozpoznawanie obrazów czy projektowanie inteligentnych systemów.

Blockchain i kryptowaluty

Wraz z rosnącym zainteresowaniem technologią blockchain, kursy online mogą skupiać się na zasadach działania blockchain, smart kontraktach, czy bezpieczeństwie kryptowalut. Ponadto, tematyka zastosowań blockchain w różnych sektorach, od finansów po łańcuchy dostaw, stanowi fascynującą dziedzinę.

Rozwój aplikacji nowoczesnych technologii

Kursy skoncentrowane na nauce programowania i projektowania aplikacji bazujących na najnowszych technologiach. Dotyczyć mogą tworzenia aplikacji mobilnych, internetowych, czy też integracji rozwiązań opartych na chmurze.

IoT

Kursy z zakresu IoT mogą obejmować projektowanie, wdrażanie i zarządzanie systemami internetu rzeczy. Tematyka obejmować może również bezpieczeństwo urządzeń, analizę danych z IoT czy tworzenie inteligentnych domów.

Cyberbezpieczeństwo

W obliczu rosnącej liczby cyberataków, kursy z zakresu cyberbezpieczeństwa są niezwykle istotne. Mogą obejmować zagadnienia takie jak identyfikacja zagrożeń, zapobieganie atakom, reagowanie na incydenty, czy audyty bezpieczeństwa.

Rzeczywistość rozszerzona i wirtualna

Kursy skierowane do osób zainteresowanych projektowaniem i programowaniem aplikacji z wykorzystaniem technologii VR (rzeczywistość wirtualna) i AR (rzeczywistość rozszerzona). Tematyka może obejmować tworzenie interaktywnych środowisk wirtualnych, projektowanie gier czy symulacji.

Ekologia i ochrona środowiska

Kursy online z zakresu ekologii mogą obejmować tematy związane z funkcjonowaniem ekosystemów, ochroną różnorodności biologicznej, a także wpływem działalności człowieka na środowisko. Kursy te mogą również omawiać kwestie globalnego ocieplenia, utraty bioróżnorodności i innych wyzwań środowiskowych.

Odnawialne źródła energii

W kontekście kursów dotyczących odnawialnych źródeł energii, uczestnicy mogą zdobyć wiedzę na temat technologii energii słonecznej, wiatrowej, hybrydowej czy geotermalnej. Kursy te mogą obejmować zarówno teorię, jak i praktyczne zastosowania technologii odnawialnych źródeł energii.

Zarządzanie zasobami naturalnymi

Kursy z zakresu zarządzania zasobami naturalnymi mogą obejmować kwestie związane z racjonalnym wykorzystywaniem wód, lasów, gleby czy minerałów. Tematyka kursów może obejmować również strategie ochrony przyrody, zrównoważoną gospodarkę leśną czy skuteczne zarządzanie odpadami.

Zdrowie psychiczne

Rozumienie i pielęgnowanie zdrowia psychicznego to kluczowy element osiągnięcia ogólnego dobrostanu. Kurs mógłby oferować wszechstronne podejście do tego tematu, uwzględniając zarówno aspekty teoretyczne, jak i praktyczne.

Techniki redukcji stresu

Współczesne życie niesie ze sobą różnorodne wyzwania, które często prowadzą do nadmiernego stresu. Te kursy mogłyby uczyć praktycznych technik redukcji stresu, pomagając uczestnikom radzić sobie z trudnościami życiowymi w sposób spokojny i skuteczny.

Medytacja – spokój ducha

Medytacja jest potężnym narzędziem wspierającym zdrowie psychiczne. W ramach kursów uczestnicy zdobyliby umiejętności medytacyjne, które pomogą im osiągnąć spokój ducha, poprawić koncentrację i lepiej zrozumieć siebie.

Świadomość chwili obecnej

Mindfulness, czyli świadomość chwili obecnej podstawa tego kursy. Nauka praktyki mindfulness jako narzędzia do radzenia sobie z codziennym stresem, poprawy koncentracji i zwiększenia ogólnej jakości życia.

Opanowanie emocji

Emocje są z każdym z nas codziennie. Kurs mógłby pomóc uczestnikom zrozumieć swoje emocje, radzić sobie z nimi skutecznie i budować zdolność do zdrowego wyrażania uczuć. Troska o zdrowie psychiczne staje się inspiracją do tworzenia pełniejszego, bardziej zrównoważonego życia.

Umiejętności interpersonalne

Skuteczne relacje z ludźmi są niezbędne zarówno w sferze osobistej, jak i zawodowej.

Kurs umiejętności interpersonalnych mógłby uczyć sztuki nawiązywania kontaktów, aktywnego słuchania, empatii oraz budowania trwałych relacji, co przekłada się na sukcesywny rozwój zarówno w życiu zawodowym, jak i prywatnym.

Zarządzanie czasem

Skomplikowany świat zawodowy wymaga umiejętności skutecznego zarządzania czasem. Kurs skupiający się na priorytetyzacji zadań, eliminacji nieefektywnych praktyk oraz zwiększaniu produktywności, co pozwala uczestnikom lepiej wykorzystywać swój czas i osiągać cele.

Komunikacja

Skuteczna komunikacja jest kluczowym elementem sukcesu w każdej dziedzinie życia. Kurs dotyczy szlifowania umiejętności komunikacyjnych uczestników, pomagając im jasno i precyzyjnie wyrażać myśli, zrozumieć intencje innych oraz rozwiązywać konflikty w sposób konstruktywny.

Przywództwo – rozwijanie liderów

Przywództwo to umiejętność, którą można rozwijać. Takie kursy przywództwa kładą nacisk na identyfikację i rozwijanie indywidualnych umiejętności przywódczych uczestników, inspirując ich do skutecznego prowadzenia zespołów i osiągania wspólnych celów.

Rozwiązywanie problemów – kreatywne myślenie i skuteczne działanie

Świat wymaga elastycznego podejścia do rozwiązywania problemów. Takie kursy kształtują umiejętność analitycznego myślenia, kreatywności w poszukiwaniu rozwiązań oraz skutecznego działania w sytuacjach problemowych, co umożliwia uczestnikom skuteczne radzenie sobie z wyzwaniami. Warto zainwestować w swój rozwój osobisty i zawodowy, zdobywając niezbędne narzędzia do osiągnięcia sukcesu we współczesnym świecie pracy.

Fotografia – sztuka uchwycenia chwil

Fotografia to nie tylko technika, to forma sztuki i wyrażenia. Kursy fotografii zapewniają uczestnikom solidne podstawy techniczne, ale również kształcą w dziedzinie kompozycji, narracji w obrazie i eksperymentowania z różnymi stylami, umożliwiając stworzenie unikalnych i efektownych fotografii.

Grafika komputerowa – kreacja wirtualna w świecie cyfrowym

Świat cyfrowy oferuje nieskończone możliwości wyrażenia swojej kreatywności. Kursy z zakresu grafiki komputerowej uczą nie tylko obsługi narzędzi graficznych, ale również projektowania, tworzenia unikalnych grafik i opanowywania technik, które sprawią, że prace uczestników wyróżnią się spośród innych.

Projektowanie stron internetowych

Umiejętność projektowania stron internetowych staje się niezwykle cenna. Kursy w tej dziedzinie skupiają się na nauce programowania, projektowania interfejsów użytkownika, optymalizacji witryn pod kątem użytkownika, a także trendów w projektowaniu, co pozwala uczestnikom tworzyć funkcjonalne i estetyczne strony internetowe.

Edukacja finansowa – budowanie stabilnej przyszłości finansowej

W obliczu zmiennych warunków ekonomicznych, edukacja finansowa staje się narzędziem umożliwiającym jednostkom skuteczne zarządzanie swoimi finansami. Kursy z zakresu edukacji finansowej oferują wszechstronne podejście do tematów, takich jak zarządzanie finansami osobistymi, inwestycje, planowanie emerytalne oraz budowanie portfela inwestycyjnego.

Mądre zarządzanie finansami osobistymi

Podstawą stabilnej sytuacji finansowej jest umiejętność efektywnego zarządzania finansami osobistymi. Kursy skupiają się na naukach budżetowania, kontrolowaniu wydatków, zarządzaniu długiem i tworzeniu planów finansowych, co pozwala uczestnikom na świadome podejście do swoich środków.

Inwestycje – zrozumieć rynek finansowy

Inwestycje stanowią istotny element budowy zabezpieczonej przyszłości finansowej. Kursy inwestycyjne uczą uczestników podstaw rynku finansowego, różnych klas aktywów, strategii inwestycyjnych oraz oceny ryzyka, umożliwiając im podejmowanie świadomych decyzji inwestycyjnych.

Planowanie emerytalne – zapewnienie bezpiecznej starości

Kursy na ten temat obejmują zagadnienia związane z budowaniem emerytalnego portfela, oszczędzaniem na emeryturę, korzystaniem z instrumentów emerytalnych oraz strategiami, które pomagają uczestnikom spokojnie patrzeć w przyszłość.

Strategie marketingu influencerów

Skuteczny marketing influencerów opiera się na budowaniu trwałych relacji z influencerami. Kursy skupiają się na identyfikacji odpowiednich influencerów, tworzeniu spersonalizowanych strategii współpracy, negocjacjach z influencerami oraz monitorowaniu skuteczności kampanii.

Budowanie marki osobistej

Marka osobista jest niezwykle istotnym elementem sukcesu w świecie marketingu influencerów. Kursy pomagają uczestnikom zdefiniować swoją markę osobistą, budować autentyczność, rozwijać unikalny styl i kreować spójny wizerunek online, co pozwala efektywnie przyciągać i angażować społeczność.

Matematyka – nauka liczb w interaktywny sposób

Kursy matematyki online dla dzieci są zoptymalizowane pod kątem przyswajania wiedzy w sposób ciekawy i zabawny. Można wykorzystać interaktywne gry, aplikacje edukacyjne i kreatywne zadania, aby rozbudzić zainteresowanie matematyką i rozwijać umiejętności obliczeniowe.

Angielski na 6+

Nauka języków obcych od najmłodszych lat otwiera drzwi do różnych kultur i pojęć. Kursy online skupiają się na nauce języków w sposób interaktywny, wykorzystując gry słowne, dialogi wideo i aktywności kulturowe, co umożliwia dzieciom rozwijanie umiejętności komunikacyjnych i kulturowego zrozumienia.

Najważniejszym elementem sukcesu kursu online jest dostosowanie go do konkretnych potrzeb grupy docelowej oraz dostarczanie treści o wysokiej jakości. Trendy mogą się zmieniać, dlatego ważne jest śledzenie aktualnych wydarzeń i potrzeb rynkowych.

Rozdział 8. Affiliate marketing

Affiliate marketing to strategia marketingowa, w której jedna firma wynagradza inne za przyciąganie ruchu lub klientów do jej produktów lub usług. W skrócie, polega to na tym, że partner (afiliant) promuje produkty lub usługi innego przedsiębiorstwa (partnera handlowego) i otrzymuje prowizję za każdego klienta lub transakcję, która wynika z jego działań marketingowych.

Proces afiliate marketingu zazwyczaj wygląda następująco:

- **Wybór programu afiliacyjnego**: Firma (partner handlowy) tworzy program afiliacyjny, w ramach którego udziela prowizji za określone działania, takie jak sprzedaż produktu, rejestracja na stronie, czy pobranie aplikacji.

- **Rejestracja afilianta**: Osoba lub firma, chcąca promować produkty lub usługi partnera handlowego, przystępuje do programu afiliacyjnego poprzez rejestrację. Po zaakceptowaniu staje się afiliantem.

- **Otrzymywanie unikalnych linków afiliacyjnych**: Po rejestracji afiliant otrzymuje unikalne linki afiliacyjne, które śledzą jego działania i przypisują mu zasługi za klientów lub transakcje.

- **Promocja produktów lub usług**: Afiliant promuje produkty lub usługi partnera handlowego na różnych platformach, takich jak strony internetowe, blogi, media społecznościowe, czy kanały YouTube. Linki afiliacyjne są używane do kierowania ruchu.

- **Śledzenie i analiza**: System afiliacyjny śledzi aktywność afilianta i zapisuje informacje o klientach lub transakcjach, które wynikają z jego działań.

- **Wypłata prowizji**: W zależności od ustaleń, afiliant otrzymuje prowizję za każdego klienta lub transakcję, którą przyczynił się do zrealizowania.

Afiliate marketing jest popularną strategią, ponieważ umożliwia firmom zwiększenie swojego zasięgu i sprzedaży, a jednocześnie daje afiliantom możliwość zarabiania na promocji produktów lub usług innych firm. To win-win, ponieważ partner handlowy zyskuje nowych klientów, a afilianci otrzymują prowizję za swoje wysiłki.

Wymagane cechy charakteru dla przyszłego affilianta

Sukces nie polega wyłącznie na znajomości technik promocyjnych czy rozumieniu rynku. Bardziej niż kiedykolwiek, od affilanta wymaga się specyficznych cech charakteru, które kształtują nie tylko profesjonalny rozwój, ale również wpływają na zdolność do skutecznej współpracy z partnerami biznesowymi i budowania trwałych relacji z klientami. Poniżej przedstawiamy kluczowe cechy charakteru, które stanowią fundament każdego przyszłego affilanta.

1. Samodyscyplina

Bycie affilantem wymaga zdolności do zarządzania czasem i zadaniami. Samodyscyplina to kluczowa cecha, która pozwala utrzymać równowagę między codziennymi obowiązkami a skomplikowaną strukturą pracy w marketingu afiliacyjnym.

2. Motywacja i wytrwałość

Rozwinięte poczucie motywacji i zdolność do utrzymywania wysokiego poziomu zaangażowania pomagają przetrwać w świecie konkurencji. Wytrwałość pozwala na przezwyciężanie trudności, zanim osiągnie się sukces.

3. Komunikatywność

Budowanie relacji z partnerami biznesowymi i klientami wymaga doskonałych umiejętności komunikacyjnych. Affilant powinien być w stanie jasno wyrażać swoje pomysły, negocjować warunki współpracy i efektywnie odpowiadać na potrzeby klientów.

4. Analityczne myślenie

Analiza danych to kluczowa część pracy affilanta. Umiejętność efektywnego analizowania statystyk, trendów rynkowych i skuteczności kampanii jest niezbędna do podejmowania mądrych decyzji marketingowych.

5. Kreatywność

W świecie, gdzie konkurencja jest zawsze jednym krokiem przed tobą, kreatywność staje się bezcennym atutem. Pomysłowość w tworzeniu kampanii, strategii i treści pozwoli wyróżnić się na tle innych affilantów.

6. Zrozumienie rynku

Affilant powinien być dobrze zaznajomiony z rynkiem, na którym działa. Zrozumienie potrzeb i preferencji grupy docelowej pozwoli dostosować strategie promocyjne, zwiększając szanse na sukces.

7. Zaufanie i integralność

Zaufanie klientów i partnerów biznesowych jest kluczowe w marketingu afiliacyjnym. Posiadanie umiejętności integralności, czyli zgodności między deklarowanymi wartościami a działaniami, buduje długotrwałe relacje.

Poszukiwanie pracy w marketingu afiliacyjnym

Praca jako affilant staje się coraz bardziej atrakcyjna. Jednak znalezienie odpowiedniego miejsca, gdzie można rozwijać się zawodowo, wymaga staranności i zrozumienia specyfiki różnych firm. Poniżej przedstawiam kilka miejsc, gdzie warto rozpocząć poszukiwania pracy jako affilant, podkreślając specjalizacje i konkretne zadania wykonywane w tych firmach.

1. **CJ Affiliate** (wcześniej Commission Junction)

Czym się zajmują: **CJ Affiliate** to jedna z największych platform afiliacyjnych na świecie, łącząca affilantów z tysiącami firm. Specjalizuje się w różnorodnych kategoriach, od e-commerce po usługi finansowe. Pracując z CJ Affiliate, możesz specjalizować się w różnych obszarach, tworząc kampanie promocyjne, analizując wyniki i dostosowując strategie w oparciu o dane.

2. **Rakuten marketing**

Czym się zajmują: **Rakuten** to globalna platforma marketingu afiliacyjnego, oferująca szeroki zakres możliwości w różnych branżach, takich jak moda, technologia czy podróże. W Rakuten Marketing można tworzyć kampanie, analizować trendy rynkowe i współpracować z różnymi markami w celu zwiększenia ich obecności online.

3. **Amazon associates**

Czym się zajmują: Program afiliacyjny **Amazon associates** umożliwia partnerom zarabianie prowizji na sprzedaży produktów z Amazon. Z Amazon Associates możesz tworzyć treści promocyjne, recenzje produktów i optymalizować kampanie w celu zwiększenia konwersji.

4. **ShareASale**

Czym się zajmują: **ShareASale** to platforma afiliacyjna, która łączy affilantów z różnymi firmami z różnych branż. ShareASale pozwala wybierać spośród tysięcy programów afiliacyjnych, specjalizując się w promowaniu produktów i usług zgodnych z własnymi zainteresowaniami i umiejętnościami.

5. ClickBank

Czym się zajmują: **ClickBank** to platforma afiliacyjna skoncentrowana głównie na cyfrowych produktach, takich jak e-booki, kursy online i oprogramowanie. Affilant w ClickBank może specjalizować się w promowaniu konkretnych produktów cyfrowych, kreować kampanie marketingowe i analizować dane sprzedażowe.

6. Awin

Czym się zajmują: **Awin** to międzynarodowa platforma afiliacyjna, obsługująca różne rynki i branże. Pracując z Awin można promować produkty różnych marek, tworzyć treści promocyjne i analizować efektywność kampanii.

Poszukiwanie pracy w marketingu afiliacyjnym może zaczynać się od zaznajomienia z różnymi platformami i firmami oferującymi programy afiliacyjne. CJ Affiliate, Rakuten Marketing, Amazon Associates, ShareASale, ClickBank i Awin to tylko niektóre z miejsc, gdzie affilanci mogą znaleźć ciekawe możliwości. Niezbędne jest zrozumienie specjalizacji każdej z platform i dostosowanie swoich umiejętności do wymagań konkretnego rynku, aby osiągnąć sukces w tej dynamicznej dziedzinie.

Jak powinien wyglądać przykładowy dzień skutecznego affilianta?

8:00 - 9:00 rano - Początek dnia z analizą

Affilant rozpoczyna dzień od przeglądu najnowszych danych z kampanii. Analiza konwersji, kliknięć i innych wskaźników jest kluczowa. To moment, aby ocenić, co działa, a co wymaga dostosowania. Narzędzia analityczne stają się nieodłącznym elementem, pomagając zrozumieć, jakie treści są najbardziej efektywne.

9:00 - 10:30 - Kreacja nowych treści i strategii

Po analizie danych affilant przechodzi do kreatywnej fazy. Tworzenie nowych treści, pomysłów na kampanie i strategii marketingowych zajmuje ważne miejsce w codziennej pracy. To chwila, aby dostosować się do zmieniających się trendów rynkowych i konkurencji.

10:30 - 11:00 - Spotkanie z partnerem biznesowym

Affilant często komunikuje się z partnerami biznesowymi. Spotkanie online z przedstawicielem firmy, z którą współpracuje, to doskonała okazja do omówienia wyników kampanii, wymiany pomysłów i dostosowania strategii do bieżących potrzeb.

11:00 - 12:30: Optymalizacja stron i treści

Dobrze zoptymalizowana strona internetowa to swiatełko w tunelu do sukcesu. Affilant poświęca czas na analizę i optymalizację treści na stronie, aby poprawić jej skuteczność w przyciąganiu nowych klientów poprzez organiczne wyszukiwania.

12:30 - 13:30: Przerwa na lunch

Krótka przerwa na lunch daje affilantowi szansę na zrelaksowanie się i naładowanie energii przed popołudniową częścią dnia.

13:30 - 15:00 - Negocjacje i poszukiwanie nowych partnerstw

Affilant poszukuje nowych możliwości współpracy. Kontaktuje się z potencjalnymi partnerami biznesowymi, negocjuje warunki i szuka nowych produktów czy usług, które mogą zainteresować ich grupę docelową.

15:00 - 16:30 - Tworzenie raportów

Tworzenie raportów to kolejny element pracy affilanta. Skrupulatność w przygotowywaniu raportów z wyników kampanii pozwala na bieżące monitorowanie skuteczności działań i podejmowanie szybkich decyzji w razie potrzeby.

16:30 - 17:30 - Testowanie nowych kanałów promocji

Affilant śledzi nowe trendy w marketingu internetowym i testuje różne kanały promocji. To może obejmować reklamę społecznościową, influencer marketing czy e-mail marketing. Eksperymentowanie z nowymi strategiami pomaga utrzymać świeżość kampanii.

17:30 - 18:00: Podsumowanie dnia i planowanie na jutro

Na koniec dnia affilant podsumowuje wykonaną pracę, sprawdza, czy wszystkie cele zostały osiągnięte, i planuje zadania na kolejny dzień. Dbałość o planowanie na przyszłość to element skutecznej pracy w marketingu afiliacyjnym.

Życie affilanta to dynamiczna równowaga pomiędzy analizą danych, tworzeniem treści, a negocjacjami z partnerami. Kluczem do sukcesu jest elastyczność, umiejętność szybkiego dostosowania się do zmian rynkowych i kreatywne podejście do rozwiązywania problemów. W dzisiejszym świecie marketingu afiliacyjnego, każdy dzień przynosi nowe wyzwania, ale również niezliczone możliwości rozwoju.

Prowizje w świecie afiliacji

Każdy kliknięty link, każde zrealizowane zamówienie to nie tylko potencjalna sprzedaż dla przedsiębiorcy, ale również szansa na zarobek dla affilanta. Prowizje odgrywają rolę, stanowiąc motywację i wynagrodzenie za wysiłek włożony w promowanie produktów czy usług. Przyjrzymy się różnym modelom prowizji, a także przedstawimy przykładowe kwoty, jakie affilanci mogą zarabiać.

Model prowizji na kliknięciu (CPC)

W modelu CPC, affilant otrzymuje prowizję za każde kliknięcie na jego unikalny link, niezależnie od tego, czy użytkownik dokonał zakupu. Prowizje w tym modelu mogą wynosić od kilku centów do kilku dolarów za kliknięcie. Przykładowo, za kliknięcie w link do kosmetyków wartej 50 centów, affilant może otrzymać 5 centów prowizji.

Model prowizji na leadzie (CPL)

W przypadku modelu CPL, affilant otrzymuje prowizję za każdego potencjalnego klienta, który wykonuje określoną akcję, taką jak zapisanie się na newsletter, wypełnienie formularza lub pobranie darmowego materiału. Prowizje w modelu CPL mogą wynosić od kilku do kilkuset dolarów za każdego zdobytego lead'a. Na przykład, za uzyskanie potencjalnego klienta dla kursu online o marketingu, affilant może dostać 50 dolarów prowizji.

Model prowizji na sprzedaży (CPA)

Model CPA to jedno z najpopularniejszych rozwiązań w marketingu afiliacyjnym. Affilant otrzymuje prowizję za każdą rzeczywistą sprzedaż lub transakcję, która została dokonana za pośrednictwem jego linku afiliacyjnego. Prowizje w modelu CPA mogą być stałe lub procentowe i zależą od rodzaju produktu czy usługi. Na przykład, za sprzedaż elektronicznego kursu affilant może otrzymać 30% prowizji, co przy kursie o wartości 100 dolarów daje 30 dolarów.

Model prowizji na odsłuchaniu (CPM)

W modelu CPM, affilant otrzymuje prowizję za każde 1000 odsłon reklamy. Ta forma prowizji jest często stosowana w kontekście reklam displayowych. Prowizje w modelu CPM zależą od branży, lokalizacji i specyfiki reklamy. Na przykład, za każde 1000 wyświetleń reklamy kosmetyków, affilant może otrzymać 2 dolary prowizji.

Model prowizji hybrydowej

Wielu programów afiliacyjnych oferuje także modele prowizji hybrydowe, które łączą różne elementy opisane powyżej. Na przykład, affilant może otrzymać zarówno prowizję za kliknięcie, jak i dodatkową prowizję za dokonanie przez użytkownika zakupu.

Prowizje w marketingu afiliacyjnym są różnorodne i zależą od konkretnego modelu, branży, a także umowy zawartej między affilantem a przedsiębiorcą. Warto zauważyć, że kwoty prowizji mogą się znacząco różnić w zależności od programu afiliacyjnego oraz specyfiki oferowanych produktów czy usług. Dla wielu affilantów, umiejętne wykorzystanie różnych modeli prowizji staje się drogą do osiągnięcia sukcesu i zwiększenia potencjalnych dochodów.

Różnorodne kariery…

1. **Affilant (publisher)** zwany również wydawcą, to osoba lub firma odpowiedzialna za promowanie produktów lub usług firm partnerskich w zamian za prowizję. Mogą specjalizować się w różnych obszarach, takich jak blogowanie, recenzowanie produktów, tworzenie treści wideo czy zarządzanie witrynami tematycznymi.

Umiejętności: Marketing treści, analityka danych, kreatywność.

2. **Manager programu afiliacyjnego** pracuje po stronie przedsiębiorcy, zarządzając relacjami z affilantami. Odpowiedzialny jest za pozyskiwanie nowych wydawców, monitorowanie wyników kampanii i zapewnienie, że partnerzy są zadowoleni z współpracy.

Umiejętności: Komunikatywność, umiejętność negocjacji, analityka.

3. **Specjalista ds. analityki afiliacyjnej** zajmuje się głęboką analizą danych związanych z

kampaniami. Śledzi wskaźniki efektywności, identyfikuje trendy rynkowe i pomaga w optymalizacji strategii marketingowych.

Umiejętności: Analiza danych, matematyka, znajomość narzędzi analitycznych.

4. **Kierownik ds. współpracy z affilantami** odpowiada za budowanie i utrzymanie relacji z kluczowymi partnerami. Monitoruje wyniki kampanii, śledzi trendy rynkowe i dostosowuje strategie w oparciu o potrzeby partnerów.

Umiejętności: Zarządzanie relacjami, komunikatywność, umiejętność rozwiązywania problemów.

5. **Specjalista ds. treści afiliacyjnych** zajmuje się tworzeniem treści, które promują produkty lub usługi partnerskie. To może obejmować pisanie artykułów, tworzenie treści wideo, a także udział w kampaniach na platformach społecznościowych.

Umiejętności: Kreatywność, umiejętność pisania, obsługa mediów społecznościowych.

6. **Specjalista ds. SEO afiliacyjnego** koncentruje się na optymalizacji treści w celu poprawy widoczności witryn afiliacyjnych w wynikach wyszukiwarek internetowych. Dbają o to, aby strony affilantów były łatwo odnajdywane przez potencjalnych klientów.

Umiejętności: SEO, analityka, umiejętność optymalizacji treści.

Marketing afiliacyjny oferuje różnorodne możliwości kariery, dostosowane do różnych umiejętności i zainteresowań. Bez względu na to, czy jesteś kreatywnym pisarzem, analitykiem danych czy ekspertem ds. SEO, istnieje rola w świecie afiliacji, która może sprostać Twoim talentom i ambicjom. Kluczem do sukcesu jest zrozumienie swoich umiejętności i znalezienie obszaru, który najlepiej pasuje do Twoich pasji w tej dynamicznej dziedzinie marketingu.

Rozdział 9. Zakłady bukmacherskie

Nadszedł czas na dosyć kontrowersyjną metodę zarobku. Na skrzyżowaniu emocji, ryzyka i nadziei, istnieje tajemniczy świat zakładów bukmacherskich. To miejsce, gdzie spotykają się pasje sportowe, umiejętności analityczne i szansa na szybki zysk. Dla niektórych to tylko forma rozrywki, dla innych zaś - fascynujące wyzwanie, w które zaangażowane są ich finanse. Jednak, zanim zanurzymy się głęboko w tę ekscytującą arenę, warto zrozumieć, czym tak naprawdę są. Zakłady bukmacherskie to forma hazardu polegająca na obstawianiu wyników różnych wydarzeń, przeważnie sportowych. Współczesne zakłady bukmacherskie przeniosły się głównie do przestrzeni online, gdzie gracze mogą stawiać zakłady na niemal wszystko - od wyników meczów piłkarskich po pogodę na najbliższy weekend. Kluczową rolę w tym procesie odgrywają bukmacherzy, czyli instytucje oferujące zakłady.

Jak to działa?

Kursy i oferty: Bukmacherzy ustalają kursy, czyli stosunek wygranej do postawionego zakładu. Im mniejszy kurs, tym większe szanse według bukmachera, i vice versa.

Rodzaje zakładów: Istnieje wiele rodzajów zakładów, od najprostszych, takich jak wygrana drużyny, po bardziej złożone, jak liczba zdobytych bramek czy wynik po pierwszej połowie.

Oferty promocyjne: Aby przyciągnąć klientów, bukmacherzy często oferują różnego rodzaju promocje, takie jak bonusy przy rejestracji, darmowe zakłady czy zakłady bez ryzyka.

Rynek live: Zakłady na żywo, czyli obstawianie w trakcie trwania wydarzenia, stają się coraz popularniejsze, umożliwiając graczom reagowanie na zmieniające się sytuacje.

Platformy online: Dzięki Internetowi, zakłady bukmacherskie stały się dostępne dla każdego z dostępem do komputera lub smartfona. Platformy online oferują szeroki wachlarz wyboru i wygodę obstawiania z dowolnego miejsca na świecie.

Zakłady bukmacherskie to nie tylko strzał w ciemno, ale również nauka przewidywania, analizy statystyk i skomplikowanego świata sportu. Jednak, trzeba pamiętać, że hazard zawsze niesie ze sobą ryzyko, a uczestnicy tego świata powinni podejść do niego z rozwagą i umiarem. To miejsce, gdzie emocje mieszać się będą z racjonalnością, a wynik jednego meczu może wpłynąć na losy zakładu i finansów gracza - w zaledwie kilka chwil. Poniżej zajmiemy się bardziej szczegółowym zrozumieniem strategii obstawiania, analizy kursów oraz psychologii zakładów bukmacherskich.

Zakłady na STS.pl - Przewodnik dla początkujących

Zakłady bukmacherskie na **STS.pl** to fascynujące przedsięwzięcie, które oferuje emocje i szansę na zysk. Skupmy się krok po kroku na procesie obstawiania na platformie STS, dostarczając praktyczny przewodnik dla początkujących.

1. Rejestracja konta:

1.1. Uruchom przeglądarkę internetową na swoim komputerze lub smartfonie.

1.2. Wprowadź adres STS.pl w pasek adresu przeglądarki lub skorzystaj z wyszukiwarki internetowej.

1.3. Na stronie głównej STS.pl znajdź i kliknij przycisk "Rejestracja" lub "Załóż konto".

1.4. Uzupełnij formularz rejestracyjny danymi, takimi jak imię, nazwisko, adres e-mail, numer telefonu. Stworzysz również unikalną nazwę użytkownika i hasło.

1.5. Postępuj zgodnie z instrukcjami dotyczącymi weryfikacji konta, co może wymagać potwierdzenia adresu e-mail.

2. Dokonanie depozytu:

2.1. Po zarejestrowaniu zaloguj się na swoje nowe konto, używając nazwy użytkownika i hasła.

2.2. Znajdź na stronie głównej STS.pl zakładkę "Kasyno" lub "Moje konto" i przejdź do sekcji "Depozyt".

2.3. Wybierz preferowaną metodę płatności spośród dostępnych opcji, takich jak karty kredytowe, portfele elektroniczne czy przelewy bankowe.

2.4. Wprowadź kwotę, którą chcesz zdeponować na swoje konto.

2.5. Postępuj zgodnie z instrukcjami, aby potwierdzić transakcję. Upewnij się, że przestrzegasz zasad minimalnej i maksymalnej kwoty depozytu.

3. Obstawianie zakładów:

3.1. Na stronie głównej STS.pl znajdź zakładkę "Zakłady" lub "Sport". Przeglądaj dostępne oferty na różne dyscypliny sportowe i wybierz interesujące wydarzenie.

3.2. Kliknij na wybrane wydarzenie, aby zobaczyć dostępne zakłady. Wybierz rodzaj zakładu, np. wynik meczu, liczba goli itp.

3.3. Po wybraniu zakładu dodaj go do swojego kuponu zakładów. Możesz kontynuować dodawanie kolejnych zakładów lub przejść do następnego kroku.

3.4. Określ wysokość stawki, którą chcesz postawić na kuponie zakładów.

3.5. Sprawdź dokładnie swoje wybory i stawkę, a następnie potwierdź kupon zakładów.

4. Wypłacanie wygranych:

4.1. Po wygranej przejdź do sekcji "Wypłacanie" na swoim koncie.

4.2. Wybierz preferowaną metodę wypłaty środków spośród dostępnych opcji.

4.3. Wprowadź kwotę

4.4. Postępuj zgodnie z instrukcjami, aby potwierdzić transakcję.

5. Korzystanie z promocji:

5.1. Regularnie sprawdzaj dostępne promocje na stronie STS.pl. Mogą to być bonusy depozytowe, darmowe zakłady.

5.2. Jeśli STS.pl oferuje bonus powitalny, upewnij się, że spełniasz warunki, aby go aktywować. To może obejmować dokonanie pierwszego depozytu lub postawienie pierwszego zakładu.

5.3. Zanim skorzystasz z jakiejkolwiek promocji, dokładnie przeczytaj regulaminy i warunki. Zrozum, jakie wymagania trzeba spełnić, aby otrzymać bonus.

6. Otrzymywanie informacji na temat wydarzeń:

6.1. Jeśli STS.pl oferuje powiadomienia e-mailowe lub powiadomienia push, zapisz się, aby otrzymywać informacje o najnowszych ofertach, promocjach i ważnych wydarzeniach sportowych.

6.2. STS.pl często dostarcza statystyki i analizy dotyczące różnych wydarzeń sportowych. Korzystaj z tej wiedzy, aby podejmować bardziej świadome decyzje podczas obstawiania.

7. Korzystanie z aplikacji mobilnej:

7.1. Jeśli chcesz obstawiać na STS.pl mobilnie, pobierz oficjalną aplikację na swój smartfon. Aplikacje mobilne zazwyczaj oferują wygodny dostęp do zakładów na żywo i innych funkcji.

7.2. Po pobraniu aplikacji zaloguj się na swoje konto, używając tych samych danych, co na stronie internetowej.

7.3. Przeglądaj oferty, stawiaj zakłady i korzystaj z innych funkcji dostępnych w aplikacji mobilnej.

8. Zarządzanie kontem:

8.1. Regularnie sprawdzaj historię transakcji na swoim koncie, aby mieć kontrolę nad wpłatami, wycofywanymi środkami i obstawionymi kuponami.

8.2. Sprawdzaj i aktualizuj ustawienia swojego konta, takie jak dane osobowe, preferencje powiadomień i ustawienia bezpieczeństwa.

9. Odpowiedzialne obstawianie:

9.1. Jeśli masz tendencję do nadmiernej gry, ustaw limity stawek na swoim koncie, aby kontrolować wydatki.

9.2. Jeśli potrzebujesz przerwy od obstawiania, skorzystaj z opcji samowykluczenia, dostępnej na STS.pl. To pozwoli ci na zablokowanie dostępu do swojego konta na określony czas.

9.3. Jeśli obstawianie staje się problemem, nie wahaj się szukać pomocy. Wiele platform oferuje wsparcie dla osób mających problemy z kontrolowaniem swojego hazardu.

Teraz, mając pełen przewodnik krok po kroku, możesz bezpiecznie i świadomie rozpocząć swoją przygodę z obstawianiem na STS.pl. Pamiętaj, że zdrowy rozsądek, umiarkowanie i świadome podejście do ryzyka są kluczowe dla udanego doświadczenia w świecie zakładów bukmacherskich.

Analiza zakładów bukmacherskich

Analiza zakładów bukmacherskich to sztuka balansowania pomiędzy intuicją a matematyką, między pasją a obiektywnością. Poniżej przyjrzymy się skutecznym sposobom analizy, które mogą pomóc zwiększyć prawdopodobieństwo zysku, uczynić obstawianie bardziej przewidywalnym i strategicznym.

1. Analiza statystyk to element skutecznego obstawiania w zakładach bukmacherskich. Przyjrzyjmy się, jak zbierać, interpretować i wykorzystywać statystyki do podejmowania bardziej świadomych decyzji obstawiania.

Zbieranie statystyk:

- Skuteczna analiza zaczyna się od zbierania wiarygodnych danych. Korzystaj z różnych źródeł, takich jak oficjalne strony lig sportowych, serwisy statystyczne, czy nawet specjalistyczne witryny oferujące dane bukmacherskie.

- Przeglądaj historię wyników drużyn lub zawodników. Analiza ostatnich meczów może dostarczyć informacji na temat ich aktualnej formy.

- Nie ograniczaj się do ostatnich kilku meczów. Przeglądaj wyniki z długoterminowej perspektywy, aby zidentyfikować wzorce i tendencje.

Rodzaje statystyk do analizy:

- Statystyki indywidualne: Analizuj osiągnięcia indywidualne graczy, takie jak liczba strzałów na bramkę, asysty, czy liczba zdobytych punktów. To szczególnie ważne w dyscyplinach, gdzie jednostkowy wkład zawodnika ma duże znaczenie.
- Statystyki zespołowe: Przeglądaj statystyki zespołowe, takie jak liczba zdobytych i straconych bramek, bilans zwycięstw i porażek, czy procentowy udział posiadania piłki.
- Analiza miejsc rozgrywek: Czy zespół radzi sobie lepiej u siebie czy na wyjeździe? Miejsce rozgrywania meczu może wpływać na jego wynik.

Uwzględnianie kontekstu:

- Czynniki zewnętrzne: Bądź świadomy czynników zewnętrznych, takich jak kontuzje, zawieszenia, zmiany trenerskie czy warunki atmosferyczne. Te elementy mogą znacząco wpłynąć na wynik meczu.
- Analiza meczu do meczu: Nie każdy mecz jest taki sam. Rozważ kontekst konkretnego spotkania, historię rywalizacji między drużynami oraz ich aktualną formę.
-

Narzędzia do analizy:

- Statystyczne platformy online: Korzystaj z dostępnych online narzędzi oferujących zaawansowane statystyki i analizy, takich jak Opta czy Whoscored.
- Arkusz kalkulacyjny: Stwórz swój własny arkusz kalkulacyjny, aby śledzić istotne statystyki i tworzyć własne modele analizy.
- Systemy informatyczne: Nowoczesne systemy informatyczne wykorzystują algorytmy do analizy ogromnych ilości danych. Jeśli jesteś zaawansowanym graczem, możesz eksperymentować z tymi narzędziami.

Analiza trendów:

- Zidentyfikowanie trendów sezonowych: Czy istnieją okresy sezonu, w których drużyna lub zawodnik radzi sobie szczególnie dobrze lub słabo? Zidentyfikowanie trendów sezonowych może pomóc w prognozowaniu wyników.

- Porównywanie statystyk zespołów: Porównuj statystyki dwóch rywalizujących ze sobą drużyn. To pomoże zidentyfikować ich mocne i słabe strony oraz przewidzieć, jakie mogą być kluczowe aspekty meczu.

Przygotowanie na wydarzenia specjalne:

- Przygotuj się na analizę wydarzeń specjalnych, takich jak turnieje czy kluczowe mecze. W takich sytuacjach statystyki mogą być decydujące, a dodatkowe informacje o formie i historii rywalizacji zyskują na znaczeniu.
- Głęboka analiza statystyk indywidualnych zawodników może być kluczowa, szczególnie w dyscyplinach, gdzie jednostkowe umiejętności mają wpływ na wynik meczu.

Regularne aktualizacje analiz:

- Analiza statystyk powinna być regularnie aktualizowana. Śledź bieżące informacje, takie jak zmiany składów, kontuzje czy inne zdarzenia mające wpływ na wynik.
- Rynki bukmacherskie są dynamiczne, więc analiza statystyk musi być elastyczna. Reaguj na zmiany w sytuacji zespołów, zawodników czy innych czynników wpływających na wynik meczu.

Kreowanie własnych modeli analizy:

- Jeśli jesteś zaawansowanym graczem, eksperymentuj z różnymi algorytmami analizy danych. Modele statystyczne mogą dostarczać bardziej zaawansowanych prognoz.
- Przypisz indywidualne wagi dla różnych statystyk, biorąc pod uwagę ich znaczenie w danym kontekście. Nie wszystkie dane mają jednakową wagę.
-

Samodyscyplina i ograniczenie emocji:

- W trakcie analizy statystyk, zachowaj obiektywność. Unikaj subiektywnych opinii i opieraj decyzje na faktach.
- Statystyki są narzędziem obiektywnym, ale emocje mogą zaburzyć logiczne podejście. Opanuj emocje, zwłaszcza w trakcie trudnych okresów.

Wnioskowanie z analizy:

- Po dokładnej analizie, formułuj wnioski. Zastanów się, jakie statystyki są kluczowe dla danego spotkania i jakie mogą wpłynąć na wynik.
- Analiza statystyk powinna również pomagać w przewidywaniu trendów przyszłych. To narzędzie może być używane do kreowania długoterminowej strategii obstawiania.

Analiza statystyk to sztuka, która rozwija się wraz z doświadczeniem. Regularne korzystanie z danych statystycznych, dostępnych narzędzi oraz refleksja nad ich skutecznością to kluczowe elementy skutecznej analizy w bukmacherce. Pamiętaj, że żadna strategia nie gwarantuje sukcesu, ale świadome i dobrze przemyślane podejście zwiększa szanse na trafne decyzje obstawiania.

2.**Analiza kursów** to istotny element skutecznego zarządzania ryzykiem i osiągania sukcesu w zakładach bukmacherskich. Przyjrzyjmy się, jak dokładnie analizować kursy, aby podejmować bardziej przemyślane decyzje obstawiania.

3.

Rozumienie struktury kursów:

- Kurs bukmacherski jest zazwyczaj przedstawiany w formie trójpodziału, na przykład 2.00. Oznacza to, że za każdy postawiony złoty można wygrać dwa złote, plus zwrot postawionej stawki.
- Implitacja to szacunkowa szansa na to, że dany wynik zdarzy się zgodnie z kursami. Im niższy kurs, tym większa implitacja i vice versa.

Porównywanie kursów:

- Porównuj kursy oferowane przez różnych bukmacherów. Różnice między nimi mogą stwarzać okazje do znalezienia wartościowych zakładów.
- Analizuj ruchy kursów i próbuj ustalić, czy kurs jest obecnie niski czy wysoki w kontekście historycznych zmian.

Analiza prawdopodobieństwa:

Konwersja kursu na prawdopodobieństwo:

- Skorzystaj z narzędzi online, aby przeliczyć kursy na prawdopodobieństwo. To pozwoli lepiej zrozumieć, czy bukmacherzy rzeczywiście odzwierciedlają szanse na dany wynik.

- Jeśli posiadasz własne prognozy dotyczące wyników, porównaj je z prawdopodobieństwem obliczonym na podstawie kursów. To pomoże zidentyfikować wartościowe zakłady.

Analiza historii kursów:

- Analizuj historię zmian kursów przed danym wydarzeniem. Czy kursy ulegają zmianom z powodu informacji czy zmieniających się trendów?

- Kursy często reagują na ogólną opinię publiczną. Zrozumienie, jakie informacje wpływają na kursy, może być kluczowe.

Znalezienie nieefektywności rynku:

- Czasem mniejsze rynki są mniej efektywne, co oznacza, że bukmacherzy mogą popełniać większe błędy w ocenie prawdopodobieństwa. To może być szansa na znalezienie wartościowych kursów.

- Bądź czujny na nowe informacje, które mogą wpłynąć na kursy. Jeśli jesteś szybki w reakcji, możesz skorzystać z nieefektywności rynku.

Zarządzanie ryzykiem:

- Określ, jakie kursy uznajesz za akceptowalne. Unikaj kuszących, ale ryzykownych zakładów.

- Kurs powinien być analizowany w kontekście ryzyka. Czasem niższy kurs może być atrakcyjny, jeśli niesie mniejsze ryzyko.

Analiza zakładów na żywo:

- Zakłady na żywo oferują unikalną szansę na analizę kursów w czasie rzeczywistym. Reaguj na zmiany w grze, które mogą wpłynąć na kursy.

- Przeglądaj historię zakładów na żywo, aby zrozumieć, jak kursy reagują na zmiany w grze.

Skupienie się na specjalistycznych rynkach:

- Specjalistyczne rynki, takie jak liczba rzutów rożnych czy indywidualne osiągnięcia zawodników, mogą być mniej efektywne, co stwarza okazje do znalezienia wartości.

- W specjalistycznych rynkach ważne jest zrozumienie, jakie dane są kluczowe i jak wpływają na kursy.

Analiza sezonów i turniejów:

- Różne fazy sezonu mogą wpływać na kursy. Na początku sezonu bukmacherzy mogą być bardziej ostrożni w prognozowaniu.

- Turnieje mogą generować nieprzewidywalne sytuacje. Zrozumienie dynamiki turniejów, takich jak mecze pucharowe czy decydujące fazy, pozwala lepiej ocenić kursy.

Wykorzystywanie bonusów bukmacherskich:

- Niektóre zakłady bukmacherskie oferują bonusy, które mogą wpływać na kursy. Czasem lepiej zainwestować w zakład z niższym kursem, ale z bonusem.

- Przed skorzystaniem z bonusu sprawdź warunki. Czasem związane są z nimi ograniczenia, które mogą wpłynąć na korzyści z zakładu.

Reakcja na zmiany kursów:

- Regularnie monitoruj zmiany kursów, zwłaszcza przed rozpoczęciem wydarzenia. Szybka reakcja na ruchy kursów może być kluczowa.

- Czasem bukmacherzy ustanawiają początkowe linie kursowe, które potem ewoluują. Zrozumienie, dlaczego kursy się zmieniają, pozwala lepiej zinterpretować ich wartość.

Skrupulatne monitorowanie wyników:

- Regularnie analizuj wyniki swoich zakładów w kontekście kursów. Czy kursy odzwierciedlały szanse na sukces, czy były niedoszacowane?

- Każdy zakład to szansa na naukę. Zastanów się, co zadecydowało o sukcesie lub porażce, i wykorzystaj tę wiedzę w przyszłych analizach.

Kreowanie własnych modeli analizy kursów:

- Próbuj różnych podejść do analizy kursów. Może to obejmować tworzenie własnych modeli prognoz lub korzystanie z istniejących narzędzi.

- W miarę zdobywania doświadczenia dostosowuj metody analizy do swoich preferencji i stylu obstawiania.

Skuteczna komunikacja z inwestorami:

- Jeśli analizujesz kursy jako część większej strategii inwestycyjnej, staraj się jasno wyjaśniać swoje decyzje współinwestorom.

- Skuteczna analiza kursów może budować zaufanie inwestorów. Regularne podsumowania i transparentność w podejmowaniu decyzji są bardzo ważne.

Uwzględnianie kursów w szerszej strategii:

- Kursy powinny być jednym z wielu elementów szerszej strategii obstawiania. Łącz analizę kursów z analizą statystyk, sytuacji zespołów czy innych czynników wpływających na wynik.

- Nie stawiaj wszystkiego na jednym zakładzie. Skuteczne zarządzanie portfelem zakładów to klucz do długoterminowego sukcesu.

4.**Śledzenie trendów** to niezbędna umiejętność w świecie zakładów bukmacherskich. Poniżej zgłębimy się, jak efektywnie analizować i korzystać z trendów, aby podejmować bardziej przemyślane decyzje obstawiania.

Definicja trendu w bukmacherce:

- Trend w bukmacherce to ogólny kierunek ruchu kursów dla danego zdarzenia. Może to obejmować zarówno krótkoterminowe, jak i długoterminowe zmiany.
- Trendy mogą być związane z popularnością konkretnych zespołów, zawodników czy strategii taktycznych.

Śledzenie wyników i serii zwycięstw/porażek:

- Śledź, czy dany zespół lub zawodnik jest w serii zwycięstw czy porażek. To może wpływać na ich formę i wyniki.
- Dynamiczne reagowanie na zmiany formy drużyny czy zawodnika jest kluczowe w wykorzystywaniu trendów.

Analiza wyników na poszczególnych rodzajach boisk:

- Niektóre zespoły mogą mieć lepsze wyniki na konkretnym rodzaju boiska. Analiza wyników zespołów na różnych terenach może ujawnić interesujące trendy.
- Śledź, jak zespół radzi sobie w domu i na wyjeździe. Czasem są drużyny, które prezentują znacznie lepszą grę w jednym z tych kontekstów.

Analiza wyników zawodników w poszczególnych dyscyplinach:

- Przeglądaj zaawansowane statystyki indywidualne zawodników w poszczególnych dyscyplinach. To pozwoli zidentyfikować ich mocne i słabe strony.
- Trendy w wynikach zawodników mogą wynikać z ich ewolucji umiejętności, formy fizycznej czy podejścia do gry.

Reakcja na zmiany kadrowe i trenerów:

- Kadrowe zmiany, takie jak nowi zawodnicy czy zmiana trenera, mogą wpływać na wyniki zespołów. Monitoruj, jak te zmiany wpływają na trendy.
- Nowy trener może wprowadzić nowy styl gry. Analiza, jak drużyna reaguje na zmiany takie jak taktyka czy formacja, pozwala zidentyfikować trendy.

Monitorowanie rynku kursowego:

- Kursy bukmacherskie reagują na trendy. Analizuj ruch kursów przed wydarzeniem, aby zrozumieć, jakie są oczekiwania rynku.
- Czasem kursy nie odzwierciedlają rzeczywistych trendów. Zidentyfikowanie rozbieżności między trendem a kursami może stworzyć okazje do zysku.

Śledzenie tendencji sezonowych:

- Często w trakcie sezonu występują określone tendencje, takie jak wzrost formy w określonym okresie. Zidentyfikowanie sezonowych musterek pozwala lepiej przewidzieć wyniki.
- Główne mecze sezonu mogą wpływać na późniejsze wyniki. Śledź, jak zespoły reagują na ważne wydarzenia.

Monitorowanie trendów w bukmacherskich analizach:

- Analizy ekspertów bukmacherskich często zawierają wskazówki dotyczące aktualnych trendów. Regularne czytanie profesjonalnych analiz może dostarczyć dodatkowego kontekstu.
- Fora bukmacherskie i portale społecznościowe to miejsca, gdzie entuzjaści dzielą się swoimi spostrzeżeniami. Aktywność na takich platformach pozwala śledzić trendy wśród społeczności graczy.

Uwzględnianie zmian warunków atmosferycznych:

- W niektórych dyscyplinach, zwłaszcza outdoorowych, warunki atmosferyczne mogą wpływać na wyniki. Monitoruj, jak drużyny radzą sobie w różnych warunkach.
- Bukmacherzy zwykle uwzględniają warunki atmosferyczne w kursach. Śledź, czy kursy reagują na prognozy pogody.

Analiza wyników na różnych etapach sezonu:

- Zespoły mogą prezentować różne formy na początku i końcu sezonu. Analiza, jak zmienia się ich skuteczność, pozwala zidentyfikować trendy.
- Mecze decydujące o mistrzostwie czy utrzymaniu mają szczególne znaczenie. Monitoruj, jak zespoły radzą sobie w takich sytuacjach.

Śledzenie wydarzeń specjalnych i turniejów:

- Turnieje często generują unikalne trendy. Analizuj, jak drużyny radzą sobie w turniejowej atmosferze.
- W wydarzeniach specjalnych, takich jak Indywidualne Mistrzostwa, forma wiodących

zawodników może wpływać na kursy.

Znalezienie trendów w specjalistycznych rynkach:

- Specjalistyczne rynki, takie jak liczba rzutów rożnych czy indywidualne osiągnięcia zawodników, mogą generować unikalne trendy.
- Jeśli stosujesz specjalne strategie obstawiania, monitoruj ich efektywność w dłuższej perspektywie czasowej.

Reakcja na zmiany regulacji czy struktury ligi:

- Zmiany w strukturze ligi, takie jak dodanie nowych zespołów czy modyfikacje regulaminu, mogą wpływać na wyniki. Analizuj, jak zespoły adaptują się do nowych warunków.
- Zmiany w regulacjach dotyczących gry mogą wpływać na jej przebieg. Reaguj na takie zmiany, monitorując ich wpływ na trendy.

Korzystanie z narzędzi do analizy trendów:

- Narzędzia analityczne mogą ułatwiać automatyzację analizy trendów. Wykorzystaj je do szybszego i bardziej efektywnego śledzenia zmian.
- Współpracuj z ekspertami, którzy specjalizują się w analizie trendów. Ich wiedza może być cennym źródłem informacji.

Dostosowywanie strategii do zidentyfikowanych trendów:

- Strategia obstawiania powinna być elastyczna i dostosowywać się do zidentyfikowanych trendów. Reaguj na zmiany, a nie trzymaj się sztywnych planów.
- Trendy mogą być źródłem okazji do zysku, ale również ryzyka. Korzystaj z nich świadomie, rozumiejąc ich kontekst i implikacje.

5.**Zakłady na żywo** to ekscytujący aspekt świata bukmacherskiego, który umożliwia graczom uczestnictwo w akcji w czasie rzeczywistym. W tym rozdziale przyjrzymy się, jak skutecznie korzystać z zakładów na żywo, by w pełni cieszyć się dynamiką sportowych wydarzeń.

6.

Definicja zakładów na żywo:

- Zakłady na żywo pozwalają graczom obstawiać wyniki wydarzeń sportowych w trakcie ich trwania, co dodaje element interaktywności do tradycyjnych zakładów.

- Różnice pomiędzy zakładami na żywo, a przedmeczowymi obejmują bieżące zmiany kursów, możliwość śledzenia wydarzeń w czasie rzeczywistym i podejmowanie decyzji w oparciu o aktualną sytuację.

Zalety zakładów na żywo:

- Zakłady na żywo pozwalają na reakcję na bieżące zmiany w grze, co umożliwia bardziej precyzyjne prognozowanie wyników.

- Kursy w zakładach na żywo są bardziej dynamiczne i często reagują na wydarzenia zachodzące w trakcie meczu, co może stworzyć okazje do zysku.

Popularne rodzaje zakładów na żywo:

- Gracze mogą obstawiać wynik meczu nawet po jego rozpoczęciu, co pozwala na dostosowanie się do zmieniających się okoliczności.

- Zakłady na żywo obejmują także specyficzne wydarzenia w meczu, takie jak liczba goli, rzuty rożne czy indywidualne osiągnięcia zawodników.

Rozumienie dynamiki zakładów na żywo:

- W trakcie meczu analizuj, jakie są trendy. Czy jedna z drużyn przejmuje inicjatywę, czy sytuacja zmienia się dynamicznie?

- Zmiany w składach czy sytuacje kontekstowe mogą wpływać na przebieg meczu. Śledź, jak te elementy wpływają na rynki zakładów na żywo.

Korzystanie z analizy statystycznej w czasie rzeczywistym:

- Wykorzystuj aktualne statystyki meczowe do podejmowania bardziej informowanych decyzji. Liczba posiadania piłki, strzały na bramkę, rzuty rożne - to wszystko może wpływać na kursy.

- Zmiany w statystykach meczowych są często odzwierciedlane w kursach. Skutecznie reaguj na te zmiany, szukając okazji do zysku.

Zakłady na żywo a psychologia gracza:

- Zakłady na żywo mogą wywoływać intensywne emocje. Umiejętne zarządzanie emocjami, szczególnie w dynamicznym środowisku, jest kluczowe.
- Graczom czasem trudno powstrzymać się przed impulsywnymi decyzjami w trakcie emocjonujących momentów meczu. Przyjęcie strategicznego podejścia jest kluczowe.

Kontrolowanie ryzyka w zakładach na żywo:

- Określ wcześniej, ile jesteś gotów zainwestować w zakłady na żywo. Ustalanie limitów pomoże uniknąć nadmiernego ryzyka.
- Czasem niższe kursy w zakładach na żywo są atrakcyjne, zwłaszcza jeśli niosą mniejsze ryzyko. Analizuj kursy w kontekście potencjalnego zysku i ryzyka.

Narzędzia do analizy zakładów na żywo:

- Korzystaj z kalendarzy meczowych, aby śledzić nadchodzące wydarzenia sportowe i być gotowym do zakładów na żywo.
- Korzystaj z narzędzi dostępnych na stronach bukmacherskich, oferujących statystyki w czasie rzeczywistym. To pomoże w szybszym podejmowaniu decyzji.

Śledzenie social media i komentarzy ekspertów:

- Social media i fora bukmacherskie często są źródłem informacji o aktualnych wydarzeniach sportowych. Śledź reakcje społeczności, by zrozumieć, jakie są trendy wśród kibiców i ekspertów.
- Czołowi eksperci sportowi często udzielają komentarzy na żywo podczas meczów. Ich wiedza może dostarczyć cennych wskazówek do zakładów na żywo.

Odpowiedzialne granie na żywo:

- Grając na żywo, bądź świadomy ryzyka i możliwości utraty środków. Niech decyzje będą podejmowane rozważnie, a nie impulsywnie.

- W trakcie intensywnego dnia zakładów na żywo warto zrobić przerwę. To pozwoli ocenić sytuację i uniknąć emocjonalnych impulsów.

Strategie zakładów na żywo:

- Skup się na obserwacji trendów w trakcie meczu. Jeśli zespół zaczyna dominować, warto zastanowić się nad zakładem na ich korzyść.
- Zakłady na żywo często obejmują kontrowersje, takie jak faule czy kartki. Skuteczna reakcja na takie zdarzenia może przynieść korzyści.

Zakłady na żywo w różnych dyscyplinach:

- W piłce nożnej zakłady na żywo obejmują wiele aspektów, w tym wyniki połów, liczba rzutów rożnych czy nadchodzące substytucje.
- W tenisie warto zwrócić uwagę na elementy taktyczne, jak skuteczność pierwszego serwisu czy ilość błędów niewymuszonych.

Zakłady na żywo a analiza statystyk:

- W trakcie zakładów na żywo korzystaj z aktualnych statystyk, by podejmować decyzje na podstawie rzeczywistych danych.
- Skrajne wyniki statystyk, takie jak bardzo niska skuteczność rzutów czy dominacja w posiadaniu piłki, mogą wpływać na kursy. Znajdź równowagę między statystykami a intuicją.

Rozważanie warunków atmosferycznych:

- Warunki atmosferyczne, takie jak deszcz czy silny wiatr, mogą wpływać na przebieg meczu. Reaguj na takie zmiany, analizując ich wpływ.
- Znajomość, jak kursy reagują na różne warunki atmosferyczne, może być kluczowa. Czasem pewne zespoły lepiej radzą sobie w trudnych warunkach.

Monitorowanie zmian w strategii drużyny:

- Drużyny często zmieniają taktykę w trakcie meczu. Monitoruj te zmiany, by dostosować swoje zakłady na żywo do nowych okoliczności.

- Zakłady na żywo obejmują nieprzewidywalne sytuacje. Bądź przygotowany na sytuacje awaryjne i miej elastyczną strategię.

-

6.Porównywanie kursów na różnych stronach bukmacherskich jest kolejnym elementem skutecznej strategii obstawiania, który może wpłynąć na Twoje potencjalne zyski. Dowiedzmy się, dlaczego warto to robić i jak skutecznie porównywać kursy.

7.

Znaczenie porównywania kursów:

- Różnice w kursach pomiędzy różnymi bukmacherami mogą istotnie wpłynąć na finalny zysk z Twoich zakładów. Wybierając te strony, które oferują lepsze kursy, maksymalizujesz swoje potencjalne zyski.

- Porównywanie kursów pozwala minimalizować ryzyko i zwiększać szanse na uzyskanie korzystnych rezultatów, zwłaszcza w dłuższej perspektywie czasowej.

Jak efektywnie porównywać kursy:

- Specjalne strony internetowe i aplikacje oferują narzędzia do automatycznego porównywania kursów różnych bukmacherów w czasie rzeczywistym. To szybki sposób na znalezienie najlepszych ofert.

- Choć może to być bardziej czasochłonne, ręczne porównywanie kursów pozwala na lepszą kontrolę i zrozumienie rynku. Sprawdzaj kursy na kilku stronach, zanotuj je, a następnie porównaj.

Wybór odpowiednich zdarzeń do porównywania:

- Koncentruj się na porównywaniu kursów w dyscyplinach, które najlepiej znasz. Znajomość specyfiki danej dyscypliny pomaga w dokładniejszym zrozumieniu kursów.

- Oprócz popularnych rynków, sprawdzaj kursy także w zakładach specjalistycznych. Czasem to właśnie tam znajdziesz najatrakcyjniejsze oferty.

Czynniki wpływające na różnice w kursach:

- bukmacherzy oferują bardziej konkurencyjne kursy jako element swojej strategii marketingowej, aby przyciągnąć nowych klientów. Zrozumienie tej dynamiki to podstawa.

- Bukmacherzy mogą różnie oceniać szanse na dane wydarzenie, co prowadzi do zróżnicowania kursów. Śledzenie, jak różni bukmacherzy interpretują szanse, daje lepszy obraz rynku.

Korzystanie z bonusów i promocji:

- Niektóre strony oferują niższe kursy, ale rekompensują to atrakcyjnymi bonusami. Przy ocenie korzyści z kursów bierz także pod uwagę dostępne bonusy.
- Zanim skorzystasz z bonusu, sprawdź warunki obrócenia. Czasem korzystne kursy idą w parze z wymogami obrócenia, które mogą wpłynąć na dostępność środków.

Regularne aktualizacje porównań:

- Kursy bukmacherskie mogą się zmieniać w zależności od różnych czynników, takich jak informacje o składach czy prognozy pogody. Regularnie aktualizuj swoje porównania, aby być świadomym bieżącej sytuacji.
- W przypadku korzystania z porównywarek kursów, zarejestruj się na powiadomienia o nagłych zmianach. To pozwoli na szybką reakcję na atrakcyjne oferty.

**Unikanie pułapek przy porównywaniu kursów:

- Należy być świadomym, że niektóre strony bukmacherskie mogą mieć opóźnienia w aktualizacjach kursów. Upewnij się, że korzystasz z wiarygodnych źródeł, aby uniknąć dezinformacji.
- Czasem niższe kursy idą w parze z korzystnymi warunkami obstawiania, takimi jak brak ograniczeń dla wygranych graczy. Przeczytaj dokładnie warunki danego bukmachera, aby zrozumieć pełen kontekst oferty.

Reakcja na nagłe zmiany kursów:

- Jeśli zauważysz gwałtowne zmiany kursów, zastanów się, co mogło spowodować taką reakcję. Czasem jest to wynik ważnych informacji, które mogą wpłynąć na wynik wydarzenia.
- Nagłe zmiany kursów mogą skłonić do panicznego działania. Ważne jest, aby zachować

spokój i podejmować decyzje na podstawie dostępnych informacji, a nie impulsów.

Zrozumienie różnic w podejściach bukmacherów:

- Niektóre bukmacherki specjalizują się w konkretnej dziedzinie, oferując bardziej konkurencyjne kursy w danym sporcie. Znalezienie takich specjalistów może być kluczowe dla uzyskania lepszych ofert.

- Zrozumienie ogólnej polityki kursowej danego bukmachera pomoże przewidzieć, jakie zmiany mogą wystąpić w przyszłości. Czy bukmacher preferuje kursy bezpieczne, czy może oferuje bardziej ryzykowne propozycje?

Korzyści z porównywania kursów na przykładach:

- Przedstawiaj konkretne przykłady, w których porównywanie kursów doprowadziło do zwiększenia zysków. To może być motywacją dla czytelników do aktywnego stosowania tej strategii.

- Przeprowadź analizę przypadku, w której skonfrontujesz różnice w kursach na przykładowych zdarzeniach. Wyjaśnij, jak taka analiza mogła wpłynąć na decyzje obstawcze.

Pamiętaj o odpowiedzialnym graniu:

- Podkreśl znaczenie ustalania limitów dla swoich zakładów. Nawet najlepsze kursy nie powinny skłaniać do nadmiernego ryzyka.

- Zwróć uwagę, że wyższe kursy często idą w parze z większym ryzykiem. Znajdź równowagę między poszukiwaniem atrakcyjnych ofert a utrzymaniem bezpieczeństwa swojego kapitału.

6. W bukmacherce, zrozumienie **psychologii sportu** to nie tylko luksus, ale kluczowy element, który może poszerzyć horyzonty obstawiania i poprawić skuteczność decyzji zakładowych. Poniżej przyjrzymy się temu, dlaczego psychologia drużyn i graczy jest istotna, jak wpływa na wyniki sportowe, a także w jaki sposób możemy wykorzystać tę wiedzę do skutecznego obstawiania.

Cele i motywacje drużyn i graczy:

- Zrozumienie, jakie cele indywidualne mają gracze, może pomóc w przewidywaniu ich zaangażowania i determinacji na boisku.
- Drużyny również mają swoje cele, takie jak awans do wyższej ligi czy zdobycie tytułu

mistrza. Te wpływają na ich strategie i zaangażowanie.

Konflikty wewnętrzne i zewnętrzne:

- Konflikty wewnątrz drużyny, zarówno te ukryte, jak i jawne, mogą wpływać na współpracę i wyniki na boisku. Analiza tych relacji może dostarczyć cennych wskazówek.
- Czynniki zewnętrzne, takie jak presja mediów, wpływ kibiców czy trudności finansowe klubu, mogą być przyczyną konfliktów i wpływać na psychikę zawodników.

Przechodzenie przez trudne chwile:

- Drużyny, które ostatnio doświadczyły porażki, mogą reagować różnorodnie. Czy potrafią się podnieść po niepowodzeniu czy też tkwią w kryzysie?
- Zespół, który potrafi adaptować się do trudnych sytuacji, może wyjść z kryzysu silniejszy. Zrozumienie ich zdolności do radzenia sobie psychicznie jest kluczowe.

Psychologiczne aspekty kluczowych meczów:

- Niektóre drużyny i gracze radzą sobie lepiej w sytuacjach kluczowych. Analiza ich historii w takich momentach może dostarczyć cennych wskazówek przed obstawianiem.
- Mecze derbowe często niosą ze sobą dodatkową presję. Zrozumienie, jak drużyna reaguje na tego typu sytuacje, może pomóc w skutecznym obstawianiu.

Rola trenera i zarządzanie zespołem:

- Motywacja drużyny często zależy od zdolności trenera do zrozumienia psychologii graczy i dostosowywania swojej strategii do ich potrzeb.
- Niektórzy trenerzy stosują psychologiczne taktyki, aby zmotywować swoich zawodników. Jakie są skutki tych działań na pole gry?

Przewidywanie psychologicznych aspektów meczów:

- Historia zespołu i graczy może dostarczyć informacji o ich psychologicznej kondycji. Czy potrafią się odbudować po trudnych momentach?

- Analiza reakcji zawodników na boisku, zarówno indywidualnych, jak i grupowych, może dostarczyć wskazówek na temat ich psychologicznej gotowości.

Zastosowanie wiedzy psychologicznej do obstawiania:

- Jak czynniki psychologiczne wpływają na kursy bukmacherskie? Czy pewne zespoły są niedoceniane ze względu na problemy psychiczne?
- Znalezienie równowagi między analizą statystyk a psychologią może być kluczem do skutecznego obstawiania. Jakie sytuacje psychologiczne mogą zatuszować statystyczne trendy?

8.**Emocje** odgrywają znaczącą rolę w procesie obstawiania, ale nadmierna emocjonalność może prowadzić do impulsywnych i nieprzemyślanych decyzji. Sprawdźmy dlaczego ograniczanie emocji jest kluczowe, jakie są konsekwencje ich nadmiernego wpływu, oraz jak utrzymać zdrowy balans pomiędzy pasją a racjonalnością.

9.

Emocje, a decyzje obstawiania:

- Emocje dodają emocji i pasji do procesu obstawiania, co może sprawić, że doświadczenie to staje się bardziej atrakcyjne.
- Jednak nadmierna emocjonalność może prowadzić do podejmowania decyzji opartych na impulsach, niezależnie od faktów czy analizy sytuacji.

Skutki nadmiernych emocji w bukmacherce:

- Strach przed utratą lub chciwość mogą skłonić do zakładania nieuzasadnionych zakładów lub przegranej strategii.
- Nadmiernie emocjonalny obstawca może zignorować oczywiste fakty, które przemawiają przeciwko jego wyborowi, z powodu przekonania lub nadziei.

Strategie ograniczania emocji:

- Zastosowanie surowych reguł dotyczących maksymalnej kwoty na zakład lub minimalnej wartości kursu, aby uniknąć impulsywnego obstawiania.

- Jeśli emocje są intensywne, zastosowanie zasady "chłodzenia głowy" może obejmować przerwę od obstawiania, aby umożliwić spokojne przemyślenie decyzji.

Zrozumienie źródeł emocji:

- Zrozumienie, jakie emocje kierują decyzjami obstawczymi, pomaga w identyfikowaniu i kontrolowaniu nadmiernych reakcji.
- Unikanie wpływu opinii publicznej i komentarzy społeczności na decyzje obstawcze, aby nie poddawać się presji grupy.

Odpowiedzialne zarządzanie kapitałem:

- Określenie limitów na zakłady zgodnych z własnym budżetem, co pomaga w kontrolowaniu emocji związanych z potencjalnymi stratami.
- Akceptacja, że porażki są naturalną częścią obstawiania, co pozwala na utrzymanie równowagi emocjonalnej.

Racjonalne analizy zamiast spekulacji:

- Korzystanie z faktów i danych statystycznych do podejmowania decyzji zamiast opierać się na czystej spekulacji lub emocjach.
- Rozwinięcie systematycznej strategii obstawiania, opartej na analizie i strategii, a nie na chwilowych emocjach.

Zachowanie dystansu emocjonalnego:

- Unikanie nadmiernego zaangażowania emocjonalnego w zdarzenia na żywo, co może prowadzić do nieprzemyślanych zakładów.
- Utrzymywanie perspektywy i pamiętanie, że pojedynczy zakład nie definiuje sukcesu czy porażki w dłuższej perspektywie czasowej.

Konsultacja ze społecznością lub profesjonalistą:

- Współdzielenie emocji i doświadczeń z innymi obstawcami, aby zyskać perspektywę i wsparcie.

- W przypadku problemów z kontrolą emocji warto rozważyć konsultację z profesjonalnym doradcą, który pomoże w skutecznym radzeniu sobie z emocjonalnością.

Budowanie zdrowej relacji z obstawianiem:

- Budowanie zdrowej relacji z obstawianiem opiera się na zrównoważonym podejściu do ryzyka i emocji.
- Kontrola emocji to umiejętność, którą można rozwijać. Przyjęcie racjonalnego podejścia do obstawiania wymaga czasu, praktyki i świadomego wysiłku. Poniżej przedstawiam kilka dodatkowych wskazówek, które mogą pomóc w utrzymaniu zdrowego stosunku do emocji podczas obstawiania:

Nigdy nie obstawiaj "na chybił trafił"!!:

- Miej odwagę odmówić zakładu, jeśli nie jesteś pewien swojej decyzji. Unikaj impulsywnego obstawiania tylko dla samego obstawiania.
- Zachowaj dyscyplinę i obstawiaj tylko wtedy, gdy masz jasny plan i podstawy do swojej decyzji.

Monitorowanie własnych reakcji:

- Prowadzenie dziennika obstawiania, w którym zapisujesz swoje emocje przed, w trakcie i po zakładach, może pomóc zidentyfikować wzorce i obszary do poprawy.
- Zwracaj uwagę na zmiany nastroju podczas obstawiania. Jeśli zauważysz, że emocje zaczynają wpływać na Twoje decyzje, zastosuj strategie ograniczania emocji.
-

Korzystaj z przerw:

- Zawsze daj sobie chwilę na refleksję przed postawieniem zakładu. Czasem kilka chwil może sprawić różnicę w podejmowaniu bardziej przemyślanych decyzji.
- Ogranicz czas, jaki poświęcasz obstawianiu w jednym siedzeniu. To może pomóc w unikaniu emocjonalnego zaangażowania w procesie obstawiania.

Zbieraj wiedzę:

- Im więcej wiesz o danej dyscyplinie sportu, zespołach i graczach, tym bardziej będziesz w stanie podejmować racjonalne decyzje. Kontynuuj naukę i zgłębiaj swoją wiedzę.

- Zamiast obwiniać się za porażki, analizuj je. Zrozumienie, dlaczego pewne decyzje okazały się nietrafione, może pomóc w unikaniu podobnych błędów w przyszłości.

Wspólne doświadczenia z innymi:

- Aktywnie uczestnicz w forach bukmacherskich czy społecznościach związanych z obstawianiem. Dzielenie się doświadczeniem i słuchanie innych może dostarczyć cennych perspektyw.

- Analizuj zakłady razem z innymi obstawcami. To nie tylko pomaga w wymianie pomysłów, ale również umożliwia spojrzenie na sytuację z innej perspektywy.

Budowanie zrównoważonego podejścia do obstawiania:

- Pamiętaj, że zarówno zwycięstwa, jak i porażki są częścią obstawiania. Zachowaj zdrowy stosunek do obu i czerp z nich wartość do nauki.

- Ograniczanie emocji podczas obstawiania to umiejętność, która wymaga czasu do rozwoju. Buduj świadomość swoich reakcji i systematycznie pracuj nad ich kontrolą.

8. Zarządzanie kapitałem to fundamentalny element strategii obstawiania, który może znacząco wpłynąć na długoterminowy sukces. Omówmy różne systemy zarządzania kapitałem, ich zalety, ryzyko i jak dopasować je do swojego stylu obstawiania.

Znaczenie zarządzania kapitałem:

- Traktowanie kapitału jako zasobu inwestycyjnego, a nie jako narzędzia do szybkiego zysku, zmienia perspektywę obstawiania

- Głównym celem zarządzania kapitałem jest minimalizacja ryzyka utraty całego kapitału w wyniku złych decyzji obstawiania.

Stawki stałe:

- **Procent budżetu na zakład**: Stawki stałe polegają na obstawianiu określonego procentu całkowitego budżetu na jednym zakładzie. To prosty sposób na utrzymanie równowagi pomiędzy ryzykiem a potencjalnym zyskiem.

- **Zalety i wyzwania**: Zaletą jest stabilność, ale może ograniczać możliwość szybkiego wzrostu kapitału. Wymaga dyscypliny w utrzymaniu stałego procentu.

Stawki zmiennoprzecinkowe:

- **Dostosowanie stawki do kapitału**: Ta strategia zakłada dostosowywanie stawki zakładu w zależności od aktualnego stanu kapitału. Im większy kapitał, tym wyższe stawki.
- **Zalety i wyzwania**: Pozwala na bardziej dynamiczne reagowanie na zmieniające się warunki rynkowe, ale wymaga stałego monitorowania i dostosowywania stawek.

Fiksowane Kwoty:

- **Stawki na podstawie absolutnej kwoty**: Gracz obstawia stałą kwotę na każdy zakład, niezależnie od wielkości kapitału. To prosta metoda, ale wymaga ostrożności, aby nie ryzykować zbyt dużej części kapitału.
- **Zalety i wyzwania**: Łatwa do zrozumienia i zastosowania, ale może prowadzić do utraty większej części kapitału w przypadku złej serii zakładów.

Systemy progresywne:

- **Metoda Martingale'a**: System progresywny, w którym gracz podwaja stawkę po każdej przegranej, aby odzyskać straty i uzyskać dodatkowy zysk.
- **Zalety i wyzwania**: Może prowadzić do szybkiego odzyskania strat, ale jednocześnie niesie ze sobą duże ryzyko utraty kapitału, szczególnie przy dłuższej serii przegranych.

Fiksowane stawki procentowe:

- **Stałe procent stawki na zakład**: Określenie stałego procentu kapitału, który gracz obstawia na każdy zakład. Obejmuje zarówno wzrost, jak i spadek stawki wraz z kapitałem.
- **Zalety i wyzwania**: Zapewnia równowagę między stabilnością a możliwością wzrostu kapitału. Wymaga dyscypliny i przemyślanej strategii.

Równowaga między bezpieczeństwem, a ryzykiem:

- Wybór systemu zarządzania kapitałem zależy od indywidualnych preferencji, stopnia akceptacji ryzyka i celów finansowych.

- System zarządzania kapitałem powinien nie tylko minimalizować ryzyko, ale także kontrolować tempo wzrostu kapitału, aby uniknąć nadmiernej ekspozycji.

Systemy anti-Martingale:

- W systemie anti-Martingale'a gracz zwiększa stawkę po udanym zakładzie, co pozwala na wykorzystanie dobrej serii i maksymalizację zysków.

- **Zalety i wyzwania**: Sprzyja maksymalizacji zysków w okresie dobrze trafionych zakładów, ale wymaga ostrożności, aby nie stracić zbyt dużo w przypadku nagłego przejścia na serię przegranych.

Analiza wyników:

- Regularne śledzenie wyników i dostosowywanie strategii zarządzania kapitałem na podstawie osiąganych rezultatów. Warto analizować skuteczność systemu i dostosowywać go do zmieniających się warunków rynkowych.

- Jeśli zauważysz, że dany system nie przynosi oczekiwanych rezultatów lub przekracza tolerowane ryzyko, bądź gotów dostosować go lub nawet całkowicie zmienić na bardziej odpowiedni.

Systemy wspierające dyscyplinę:

- Wprowadzenie surowych reguł, które pomagają w utrzymaniu dyscypliny podczas obstawiania. To może obejmować limity dziennego ryzyka, stawki maksymalne, czy też zakazy obstawiania w określonych warunkach.

- System zarządzania kapitałem powinien wspierać zdolność kontrolowania emocji i poczucia ryzyka. Warto unikać systemów, które mogą prowadzić do impulsywnego działania.

Konsultacje z profesjonalistami:

- Konsultacja z profesjonalnym doradcą finansowym lub ekspertem od obstawiania może dostarczyć cennych wskazówek dotyczących wyboru odpowiedniego systemu zarządzania kapitałem.

- Współdzielenie doświadczeń i analizy systemów zarządzania kapitałem z innymi graczami może prowadzić do ciekawych wniosków i inspiracji.

-

Rozsądne kombinacje systemów:

- Kombinowanie różnych systemów zarządzania kapitałem w zależności od typu zakładów, dyscypliny sportowej czy warunków rynkowych może zapewnić większą elastyczność.

- Unikaj nadmiernego skomplikowania strategii. Zachowaj równowagę między elastycznością a prostotą, aby móc skutecznie zarządzać kapitałem.

Zakładanie granic na straty i zyski:

- Określanie maksymalnej akceptowalnej straty na zakład. Jeśli osiągniesz ten limit, zakończ obstawianie na dany dzień.

- Wyznaczanie celu zysków, po osiągnięciu którego zamykasz sesję obstawiania. To pomaga utrzymać dyscyplinę i unikać nadmiernego chciwości.

Długoterminowe podejście:

- System zarządzania kapitałem powinien być częścią długoterminowego planu obstawiania. Unikaj podejścia opartego na krótkoterminowych emocjach.

- Systemy zarządzania kapitałem powinny być oceniane pod kątem ich skuteczności w dłuższej perspektywie czasowej, a nie na podstawie pojedynczych zakładów czy krótkoterminowych wyników.

Jak to realnie może wyglądać z zyskami w tej dziedzinie zarabiania online?

1) **Zarobki na poziomie hobby**: Dla wielu graczy zakłady bukmacherskie zaczynają się jako hobby. W początkowym okresie, skromne zyski mogą wynikać z trafionych zakładów, ale równie często zyski będą minimalne.

2) **Rozwinięcie umiejętności**: Zyski w miarę rozwoju umiejętności mogą stopniowo rosnąć. Skuteczna strategia, analiza statystyk i świadome zarządzanie kapitałem mogą prowadzić do coraz lepszych wyników.

Etap rozwoju umiejętności:

Pierwsze Udane Strategie: Po osiągnięciu pewnego etapu rozwoju umiejętności, gracze mogą zacząć stosować bardziej zaawansowane strategie, co przekłada się na większe zyski. Załóżmy, że gracz zaczyna z budżetem 1000 zł i osiąga średnią skuteczność na poziomie 55%. Przy stawce 5% kapitału na zakład, po 100 zakładach mógłby osiągnąć zysk rzędu kilkuset złotych.

Zakładnicy odsetka zwrotu:

Profesjonalni obstawiacze często patrzą na zwrot z inwestycji (ROI). Osiągnięcie stałego, solidnego zwrotu z inwestycji może wymagać bardziej zaawansowanych analiz i skomplikowanych strategii. Profesjonalny gracz, który osiąga ROI na poziomie 10%, obstawiając średnio 1000 zł na zakład, może uzyskać zyski rzędu 100 zł na każdych 1000 zł obróconych.

Zyski na poziomie dochodu zawodowego:

Zawodowi gracze, którzy poświęcają znaczny czas na analizę, mają potencjał na osiągnięcie zysków porównywalnych z tradycyjnymi źródłami dochodu. Zakładając, że zawodowy gracz osiąga zwrot z inwestycji na poziomie 20%, przy kapitale 10 000 zł, może generować zyski rzędu 2000 zł miesięcznie.

Rozszerzanie działalności:

W miarę zdobywania doświadczenia, gracze mogą decydować się na wyższe stawki, co zwiększa potencjał zysków, ale jednocześnie niesie ze sobą większe ryzyko. Gracz, który decyduje się na stawki na poziomie 10% kapitału, może szybciej zwiększać swoje zyski, ale równocześnie naraża się na większe straty.

Zyski przekraczające tradycyjne źródła dochodu:

Ekspert obstawiania może generować zyski przewyższające tradycyjne źródła dochodu, ale wymaga to znacznych umiejętności i zaangażowania. Ekspert osiągający ROI na poziomie 30%, obstawiający średnio 20 000 zł na zakład, może generować zyski przekraczające 6000 zł miesięcznie.

Ważne jest zauważenie, że nawet najlepsi gracze mają swoje granice zysków. Zakłady bukmacherskie to rynek, który nie zawsze podlega pełnej kontroli. Warto utrzymywać realistyczne oczekiwania i traktować obstawianie jako umiejętność wspierającą inne źródła dochodu. Należy zatem mieć realistyczne oczekiwania co do zysków z zakładów bukmacherskich. To wymaga czasu, doświadczenia i ciągłego doskonalenia umiejętności.

Zyski w zakładach bukmacherskich mogą być zrównoważone, jeśli gracz podejmuje rozważne decyzje, stosuje skuteczną strategię zarządzania kapitałem i utrzymuje dyscyplinę. Inwestowanie czasu i wysiłku w doskonalenie umiejętności analizy, zarządzania kapitałem oraz zrozumienie rynku sportowego są kluczowe dla osiągnięcia zysków. Istnieje wiele czynników, które wpływają na wyniki zakładów bukmacherskich, w tym niewiadome, takie jak kontuzje, niespodziewane zdarzenia czy czynniki psychologiczne związane z zespołami sportowymi. Sport jest nieprzewidywalny, co oznacza, że nawet najbardziej przemyślane analizy mogą być podatne na wpływ niespodziewanych wydarzeń. Bukmacherzy są również świadomi analizy i statystyk. Dlatego linie zakładów są ustawiane w taki sposób, aby utrzymać ryzyko po stronie bukmachera.

Długoterminowe podejście:

Długoterminowe podejście do zakładów bukmacherskich zakłada stopniowy wzrost kapitału. Skup się na budowaniu solidnej podstawy zamiast poszukiwania szybkich zysków. Gracz, który zaczyna z niewielkim kapitałem, ale utrzymuje regularność i dyscyplinę, może stopniowo rozwijać swój fundusz, a z czasem uzyskiwać większe zyski.

Oszczędzanie na stronę:

Oszczędzanie części zysków na osobistą rezerwę może pomóc w zabezpieczeniu przed nieprzewidzianymi stratami. Gracz, który osiąga stałe zyski, ale zachowuje pewną część zysków na bok, ma dodatkowe zabezpieczenie w przypadku trudniejszego okresu obstawiania.

Rozproszenie ryzyka:

Rozproszenie zakładów na różne dyscypliny sportowe czy rynki może zminimalizować wpływ niespodziewanych zdarzeń. Gracz, który obstawia w kilku różnych dziedzinach sportu, może ograniczyć ryzyko związane z nagłym spadkiem skuteczności w jednej konkretnej dziedzinie.

Zdobywanie sukcesu w zakładach bukmacherskich to wyjątkowe wyzwanie, wymagające umiejętności, wiedzy i cierpliwości. Poniżej przedstawiam kilka inspirujących historii osób, które odniosły sukces w świecie zakładów bukmacherskich.

Billy Walters - profesjonalista z Kalifornii: uchodzi za jednego z najbardziej utytułowanych graczy w historii zakładów bukmacherskich. Pochodzący z Kalifornii przedsiębiorca zbudował swoją fortunę, obstawiając na różnych rynkach sportowych. Walters jest znany ze swojej zdolności do przewidywania wyników sportowych. Jego sukcesy obejmują milionowe zwroty, a historia jego kariery stała się legendą w świecie zakładów bukmacherskich. Billy Walters znany był z pewności siebie i zdolności do podejmowania ryzyka. Jego strategia zakładała precyzyjną analizę i śmiałe decyzje.

Tony Bloom - biznesmen i profesjonalny gracz: to przedsiębiorca i profesjonalny gracz, który odegrał kluczową rolę w branży zakładów bukmacherskich. Jego firma, Starlizard, zajmuje się analizą rynku i dostarcza dane do zakładów. Bloom odnosi sukcesy zarówno w biznesie, jak i w roli profesjonalnego gracza. Jego wnikliwe analizy i strategiczne podejście przyniosły mu zarówno renomę, jak i zyski. Tony Bloom wyróżniał się dyskrecją i skupieniem na analizie rynku. Jego firma Starlizard działa w tle, dostarczając dane dla zakładów bukmacherskich.

Haralabos Voulgaris - geniusz analizy NBA: zdobył uznanie jako ekspert w zakresie analizy NBA. Jego zdolność do zrozumienia subtelności ligi i przewidywania wyników przyniosła mu sukces w zakładach bukmacherskich. Oprócz obstawiania, Voulgaris inwestuje również w drużyny sportowe. Jego sukcesy świadczą o tym, że wnikliwa analiza i zrozumienie rynku sportowego mogą prowadzić do znacznych zysków. Haralabos Voulgaris to przykład osoby, która przekształciła swoją pasję do koszykówki w dochodowe przedsięwzięcia. Jego głęboka wiedza i zamiłowanie do gry wpłynęły na jego sukces.

Zespół MIT Blackjack - karta do blackjacka i zakłady sportowe: Zespół MIT Blackjack to grupa studentów z Massachusetts Institute of Technology, którzy w latach 90. wykorzystywali kartę do Blackjacka w kasynach. Po pewnym czasie przenieśli swoje umiejętności do zakładów sportowych. Zespół udowodnił, że inteligentna analiza, śledzenie trendów i zrozumienie statystyk mogą przekładać się na sukces finansowy, zarówno przy kartach do Blackjacka, jak i w zakładach bukmacherskich

    Wspólnym mianownikiem tych historii sukcesu jest zdolność do głębokiej analizy, intuicji i zdolności przewidywania wyników. Wszyscy ci gracze zdobywali sukces stopniowo, z naciskiem na długoterminowy wzrost zamiast szybkich zysków. Każda z tych osób przyjęła różne strategie, ale wszystkie opierały się na wnikliwej analizie, skutecznym zarządzaniu kapitałem i zrozumieniu rynku sportowego. Inspirujące historie sukcesu pokazują, że sukces w zakładach bukmacherskich nie zależy tylko od szczęścia. Skup się na rozwijaniu własnych umiejętności i wiedzy. Dyscyplina, cierpliwość i zdolność do nauki na błędach są niezbędne dla trwałego sukcesu w świecie zakładów bukmacherskich. Wszystkie te historie dowodzą, że zrównoważone podejście, długoterminowe planowanie i umiejętność dostosowywania strategii to przepustka.

Wnioski z tych historii sugerują, że długoterminowy sukces w zakładach bukmacherskich wymaga przemyślanej strategii, systematycznego doskonalenia umiejętności oraz zdolności do dostosowywania się do zmieniających się warunków.

Inne inspirujące historie znanych graczy:

Patrick Veitch - mistrz wyścigów konnych: to profesjonalny gracz, który zyskał rozgłos dzięki swojemu niezwykłemu talentowi w obstawianiu wyścigów konnych. Jego zdolność do analizy danych i przewidywania wyników uczyniła go jednym z najbardziej renomowanych graczy w tej dziedzinie.

Matthew Benham - przedsiębiorca i gracz: to przedsiębiorca i właściciel Brentford FC, który odnosi sukces zarówno w biznesie, jak i na rynku zakładów bukmacherskich. Jego firma Smartodds wykorzystuje zaawansowane algorytmy do analizy danych sportowych, co przyniosło mu znaczne zyski.

Analiza zakładów bukmacherskich to kombinacja nauki, doświadczenia i intuicji. Nie ma jednej idealnej strategii, ale kombinacja powyższych elementów może znacząco zwiększyć szanse na sukces. Pamiętaj, aby być elastycznym, reagować na zmiany i stale doskonalić swoje umiejętności analityczne. W świecie zakładów bukmacherskich, rozwaga, umiarkowanie i systematyczność są warunkiem do osiągnięcia zysków.

Rozdział 10. Tworzenie i zarządzanie kanałami na YouTube

Kanał na YouTube to nasz ostatni sposób zarobku. To miejsce, gdzie użytkownicy mogą publikować i udostępniać treści wideo online. YouTube to popularna platforma do udostępniania filmów, muzyki, vlogów, edukacyjnych materiałów, recenzji, poradników i wielu innych rodzajów treści. Każdy użytkownik może założyć swój własny kanał na YouTube, na którym może przesyłać własne filmy. Kanały mogą być tematyczne, związane z konkretną dziedziną zainteresowań, branżą, lub mogą być bardziej ogólne. Widzowie mogą subskrybować kanały, aby otrzymywać powiadomienia o nowych filmach i być na bieżąco z treściami, które ich interesują. YouTube oferuje również funkcje społecznościowe, takie jak możliwość komentowania filmów, polubień, udostępniania oraz interakcji z twórcami poprzez różne narzędzia, na przykład na żywo czat podczas transmisji na żywo.

Ogólnie rzecz biorąc, kanał na YouTube to miejsce, gdzie twórcy mogą dzielić się swoimi pomysłami, pasjami, i umiejętnościami w formie wideo, a widzowie mogą korzystać z różnorodnych treści dostępnych na platformie.

Zarabianie na YouTube

1. **„Program partnerski YouTube"** to początkowy krok milowy na drodze do zarabiania na platformie. Kiedy Twój kanał spełni wymagane kryteria dotyczące subskrybentów i wyświetleń, możesz dołączyć do programu i zacząć generować dochody z reklam wyświetlanych przy Twoich filmach.

- **Subskrybenci** - Pierwszym kryterium jest liczba subskrybentów na Twoim kanale. W momencie pisania tej książki, standardem jest posiadanie co najmniej 1000 subskrybentów. Jednak warto monitorować oficjalne zasady YouTube, ponieważ kryteria mogą ulec zmianie w zależności od polityki platformy.

- **Liczba wyświetleń** - Kolejnym kluczowym elementem jest osiągnięcie określonej liczby wyświetleń na Twoich filmach. Obecnie wymagane jest osiągnięcie co najmniej 4000 godzin oglądania w ciągu ostatnich 12 miesięcy. To kryterium ma na celu zapewnienie, że twórca dostarcza treści, które przyciągają i zatrzymują uwagę widzów na dłuższą metę.

- **Zgodność z zasadami społeczności YouTube** - YouTube dba o to, aby jego platforma była miejscem bezpiecznym i przyjaznym dla wszystkich użytkowników. Dlatego też, aby zakwalifikować się do programu partnerskiego, konieczne jest przestrzeganie zasad społeczności YouTube. Obejmuje to unikanie treści nieodpowiednich, obraźliwych czy naruszających prawa autorskie.

- **Posiadanie aktywnego konta Google AdSense** - Kiedy spełnisz wymagania dotyczące subskrybentów, wyświetleń i zasad społeczności, będziesz musiał połączyć swoje konto YouTube z kontem Google AdSense. AdSense umożliwia zarabianie na reklamach wyświetlanych na Twoim kanale.

- **Krajowe i regionalne ograniczenia** - Warto pamiętać, że niektóre kraje i regiony mogą mieć dodatkowe ograniczenia lub wymagania dotyczące uczestnictwa w Programie Partnerskim. Upewnij się, że zapoznałeś się z lokalnymi regulacjami, aby uniknąć nieporozumień.

2. **Twoja społeczność** jest kolejny krok do sukcesu. Zadbaj o regularne dostarczanie wartościowego, interesującego i angażującego kontentu. Im bardziej zaangażowana jest Twoja widownia, tym większe szanse na zyski z różnych źródeł.

- **Zrozumienie potrzeb i oczekiwań widowni** - elementem wartościowego kontentu jest zrozumienie swojej widowni. Badaj analizy danych dotyczące demografii, preferencji i zwyczajów oglądania. Im lepiej zrozumiesz swoją społeczność, tym lepiej dostosujesz treści do jej oczekiwań.

- **Unikalność i autentyczność** - Twój kanał powinien odzwierciedlać Twoją osobowość i pasje. Unikalność i autentyczność przyciągają uwagę widzów, którzy poszukują autentycznych doświadczeń. Nie bój się być sobą i eksperymentować z różnymi formami treści.

- **Różnorodność treści** - Dostarczaj różnorodne treści, aby utrzymać zainteresowanie widzów. Możesz eksperymentować z różnymi formatami, takimi jak vlogi, tutoriale, recenzje, transmisje na żywo itp. Różnorodność treści pozwala dotrzeć do różnych grup odbiorców.

- **Interakcja z widownią** - Odpowiadać na komentarze, zadawać pytania, prosić o opinię - to wszystko buduje więź z widownią. Im bardziej uczestniczysz w interakcjach, tym bardziej widzowie czują się zaangażowani i związani z Twoim kanałem.

- **Edukacja i rozrywka** - Łącz edukację z rozrywką. Widzowie często przeszukują YouTube, aby nauczyć się czegoś nowego, ale chcą też bawić się podczas oglądania. Połącz te elementy, dostarczając treści, które są zarówno pouczające, jak i przyjemne.

- **Regularność publikacji** - Utrzymuj stały harmonogram publikacji, aby widzowie wiedzieli, kiedy się spodziewać nowych treści. Regularność buduje oczekiwania i przyzwyczaja widownię do regularnego odwiedzania Twojego kanału.

Przykładowym kanałem, który doskonale dostarcza wartościowego i angażującego kontentu, jest "Smaki Świata". Twórczyni regularnie publikuje przepisy kulinarne z różnych zakątków świata, opowiadając jednocześnie o historii i tradycji potraw. Kombinacja smaków, wizualnie atrakcyjne prezentacje, oraz interakcja z widzami sprawiają, że kanał stał się miejscem dla pasjonatów kulinariów.

3. **Współpraca z firmami** to kolejny sposób na zarabianie. Kiedy budujesz swoją markę, firmy mogą zauważyć potencjał współpracy. Pamiętaj, aby wybierać partnerstwa zgodnie z wartościami swojego kanału, aby utrzymać autentyczność.

- Szukanie potencjalnych partnerów:

  a. Analiza branżowa - Zastanów się, do jakiej branży najbardziej pasuje Twój kanał. Przykładowo, jeśli prowadzisz kanał o zdrowym stylu życia, potencjalnym partnerem może być firma zajmująca się produkcją zdrowej żywności czy sprzętu fitness.

  b. Badanie rynku i konkurencji - Przeanalizuj kanały konkurencyjne. Zobacz, z kim współpracują i jakie produkty lub usługi promują. To może dostarczyć inspiracji i wskazać potencjalnych partnerów dla Twojego kanału.

  c. Wyszukiwanie online i social media - Korzystaj z internetowych narzędzi, takich jak wyszukiwarki i media społecznościowe, aby znaleźć firmy zainteresowane współpracą z influencerami. Śledź profile firm, zobacz, czy prowadzą kampanie z innymi twórcami.

- Kontakt i prezentacja wartości

  a. Przygotowanie profesjonalnej prezentacji - Zanim się skontaktujesz, przygotuj profesjonalną prezentację, w której opiszesz swoją społeczność, zasięg, oraz dlaczego współpraca z Tobą może być korzystna dla firmy.

  b. Personalizowany kontakt - Nie wysyłaj masowych wiadomości. Dostosuj swoje propozycje do każdego potencjalnego partnera. Wykaż się wiedzą na temat firmy i podkreśl, dlaczego właśnie Ty możesz być doskonałym ambasadorem ich marki.

- Zasady działania współpracy

  a. Umowa partnerska - Zanim rozpoczniesz współpracę, zawrzyj umowę partnerską. Wspomnij o warunkach, takich jak forma promocji, wynagrodzenie, okres trwania kampanii, oraz wszelkie inne kluczowe szczegóły.

  b. Zachowanie autentyczności - Wybieraj partnerów zgodnie z wartościami swojego kanału. Promuj tylko produkty czy usługi, które uważasz za wartościowe i zgodne z interesami swojej społeczności. Unikaj współpracy, która mogłaby zaszkodzić Twojej autentyczności.

  c. Monitoring efektywności kampanii - Monitoruj wyniki kampanii. Sporządzaj raporty dotyczące liczby kliknięć, zasięgu i zaangażowania. To pomoże w ocenie skuteczności współpracy i dostosowaniu strategii na przyszłość.

4. Stwórz swój unikalny towar, taki jak gadżety związane z kanałem, kursy online, e-booki lub inne produkty, które odpowiadają potrzebom Twojej widowni. Sprzedawanie własnych produktów może być znakomitą drogą do generowania dochodu.

- Zrozumienie potrzeb i oczekiwań widowni

  a. **Analiza komentarzy i feedbacku** - Przeglądaj komentarze pod swoimi filmami. Znajdziesz tam cenne sugestie i pomysły dotyczące tego, czego Twoja widownia oczekuje od Twojego kanału.

  b. **Badanie niszowego rynku** - Sprawdź, czy istnieje niszowy rynek, który jest związany z Twoją tematyką, a w którym brakuje konkretnej oferty. To może być inspiracją do stworzenia produktów dedykowanych wąskiej grupie zainteresowanych.

- Tworzenie produktów związanych z kanałem

  a. **Gadżety i produkty branded** - Stworzenie gadżetów związanych z kanałem, takich jak koszulki, kubki czy plakaty, to świetny sposób na angażowanie widzów. Wykorzystaj charakterystyczne elementy swojego kanału, aby stworzyć rozpoznawalne produkty.

  b. **Kursy online i e-booki -** Jeśli posiadasz specjalistyczną wiedzę, możesz stworzyć kurs online lub e-book. To doskonała opcja dla kanałów edukacyjnych. Przykładowo, kanał z poradami fotograficznymi może oferować kursy dotyczące zaawansowanej edycji zdjęć.

  c. **Limitowane edycje i kolekcje -** Stworzenie limitowanych edycji lub kolekcji produktów może wywołać większe zainteresowanie. To strategia, którą często wykorzystują twórcy, aby skłonić widzów do zakupów ze względu na unikalność oferty.

- Platformy do sprzedaży

  a. **Sklepy online** - Załóż sklep internetowy, na którym możesz sprzedawać swoje produkty. Istnieje wiele platform, takich jak Shopify, Etsy czy WooCommerce, które ułatwiają zarządzanie sklepem online.

  b. **Strony crowdfundingowe** - Jeśli planujesz większe projekty, rozważ skorzystanie z platform crowdfundingowych, takich jak Kickstarter czy Indiegogo, aby uzyskać wsparcie finansowe na rozwój i produkcję.

Przykłady:

a. Kanał Kulinarny "Smaki Świata"

Produkt: Książka kucharska z ulubionymi przepisami z kanału.

Motywacja: Widzowie często pytali o możliwość posiadania przepisów w formie papierowej, co zainspirowało twórcę do stworzenia własnej książki kulinarniej.

b. Kanał Fitness "Aktywni Razem"

Produkt: Kurs online z personalnymi treningami i planem żywieniowym.

Motywacja: Widzowie wyrażali potrzebę indywidualnego podejścia do treningu, co skłoniło twórcę do stworzenia spersonalizowanego kursu online.

5. **Patronat i dotacje** od widzów są coraz popularniejsze. Platformy takie jak Patronite czy dotacje podczas transmisji na żywo dają fanom możliwość bezpośredniego wsparcia finansowego dla ich ulubionych twórców.

- Mechanizm patronatu na platformach takich jak patronite

  a. **Tworzenie profilu na platformie** - Rozpocznij od założenia profilu na platformie wsparcia, takiej jak Patronite. Tutaj możesz przedstawić swoją działalność, opisać cele, a także zaoferować unikalne korzyści dla swoich patronów.

  b. **Określenie poziomów wsparcia** - Wprowadź różne poziomy wsparcia, związane z różnymi korzyściami. Na przykład, za niższe kwoty patroni mogą uzyskać dostęp do ekskluzywnego kontentu, a ci, którzy oferują wyższe wsparcie, mogą otrzymać dodatkowe nagrody, takie jak personalne wiadomości czy autografy.

  c. **Regularne aktualizacje dla patronów** - Dbaj o regularne aktualizacje dla swoich patronów. Informuj ich o postępach, nowościach i ekskluzywnych treściach, które są dostępne tylko dla nich. To buduje więź i pokazuje, że doceniasz ich wsparcie.

- Dotacje podczas transmisji na żywo

  a. **Aktywacja funkcji dotacji na żywo** - Jeśli prowadzisz transmisje na żywo, aktywuj funkcję dotacji, która jest dostępna na niektórych platformach, takich jak YouTube czy Twitch. Widzowie mogą przekazywać środki w czasie rzeczywistym podczas oglądania.

b. **Interakcja z widzami** - Podczas transmisji na żywo zachęcaj do interakcji z widzami. Odpowiadaj na pytania, podziękuj za dotacje, a nawet rozważ organizowanie specjalnych wydarzeń czy konkursów dla tych, którzy przekazują wsparcie finansowe.

- Zarabianie na patronacie i dotacjach

a. **Zaoferuj dodatkowe korzyści dla wsparcia finansowego** - Wprowadź dodatkowe korzyści dla swoich patronów, takie jak dostęp do zamkniętej społeczności online, możliwość głosowania na tematy filmów, czy nawet personalne spotkania online.

b. **Kampanie dotacyjne i cele finansowe** - Rozważ organizację kampanii dotacyjnych, które związane są z konkretnymi celami. To może zmotywować widzów do większego wsparcia, widząc, jak ich środki przyczyniają się do realizacji określonych projektów czy ulepszeń kanału.

Przykłady:

Kanał Naukowy "Ciekawostki Świata"

Patronat: Twórca oferuje swoim patronom dostęp do ekskluzywnych filmów, w których prezentuje backstage procesu tworzenia swoich treści, oraz udziela dodatkowych ciekawostek, których nie ma na głównym kanale.

Kanał Gamingowy "GameMasters"

Dotacje podczas transmisji: W trakcie transmisji na żywo, widzowie mogą przekazywać dotacje, a osoby, które przekroczą określoną kwotę, otrzymują szansę dołączenia do gry z twórcą podczas następnej transmisji.

Planowanie scenariuszy

Planowanie scenariuszy to sztuka łączenia kreatywności z precyzją, tworząc treści, które nie tylko przyciągają, ale także utrzymują uwagę widza. To proces, który rozwija się z doświadczeniem, umiejętnościami narracyjnymi i wrażliwością na oczekiwania swojej widowni.

Umiejętności prezentacji

- **Komunikatywność** to fundament skutecznej prezentacji. Twórcy treści na YouTube powinni być w stanie klarownie i zrozumiale przekazywać swoje myśli. Język powinien być dostosowany do grupy docelowej, unikając zbyt skomplikowanych terminów, które mogą zdezorientować widza.

- **Jasność i precyzja** są kluczowe, aby uniknąć wszelkich nieporozumień. Twórcy muszą umieć wyrazić swoje myśli w sposób, który jest łatwy do zrozumienia, bez zbędnego skomplikowania czy nadmiernego uproszczenia.

- **Skuteczne przekonywanie** jest umiejętnością, która pozwala przekonać widza do przyjęcia określonych przekonań czy działań. To wymaga umiejętności prezentacji argumentów, korzystania z faktów i statystyk oraz budowania silnych, przekonujących narracji.

- Warto dbać o **różnorodność w prezentacji**, aby utrzymać zainteresowanie widza. Elementy wizualne, takie jak infografiki, animacje czy zdjęcia, mogą wzbogacić treść i uczynić ją bardziej przystępną. Zróżnicowany ton głosu, od emocjonalnego do poważnego, pozwala na przekazanie różnych nastrojów.

- Silna **gestykulacja i ekspresyjność** twarzy są ważnymi elementami, które pomagają przekazać emocje i dodają naturalności prezentacji. Umiejętne korzystanie z gestów podkreśla punkty kluczowe i angażuje widza.

- Umiejętność **dostosowywania się** do oczekiwań i preferencji widza. Twórcy muszą rozumieć, kiedy zaostrzyć ton, a kiedy być bardziej luzackim. To elastyczność w prezentacji, która tworzy spersonalizowane i atrakcyjne dla widza doświadczenie.

- **Znajomość elementów technicznych**, takich jak praca z mikrofonem czy kamerą, jest istotna dla utrzymania profesjonalnej jakości prezentacji. Zdolność do radzenia sobie z technicznymi aspektami produkcji treści przekłada się na wysoką jakość odbioru treści przez widza.

- Ostatecznym celem **jest utrzymanie uwagi widzów** przez całą prezentację. To wymaga nie tylko silnej ekspresji i umiejętności mówienia, ale także świadomości, kiedy wprowadzić zmiany w tempie, unikać monotonii i utrzymać dynamikę prezentacji.

- Regularna **analiza reakcji widzów**, zbieranie feedbacku oraz świadome doskonalenie umiejętności prezentacji to proces ciągłego rozwoju. Twórcy mogą korzystać z danych analitycznych, komentarzy i ocen, aby dostosowywać swoje podejście do potrzeb widowni.

Dbałość o jakość produkcji: Podstawa profesjonalizmu na YouTube

1) **Jakość wizualna**: Dbałość o jakość produkcji na YouTube zaczyna się od doskonałej jakości wizualnej. Wykorzystanie wysokiej klasy sprzętu, kamery oraz oświetlenia to krok dla stworzenia treści, które prezentują się profesjonalnie. Ostrość obrazu, kolorystyka, a także umiejętne korzystanie z efektów wizualnych wpływają na

atrakcyjność treści i pozostawiają trwałe wrażenie na widzach.

2) **Dźwięk o wysokiej jakości**: Równie ważnym aspektem jest dbałość o jakość dźwięku. Dobry dźwięk sprawia, że treści są bardziej zrozumiałe, angażujące i przyjemne dla odbiorcy. Wykorzystanie profesjonalnych mikrofonów, eliminacja szumów czy staranne montowanie dźwięku to elementy, które przyczyniają się do profesjonalnego wrażenia.

3) **Sprzęt profesjonalny**: Używanie profesjonalnego sprzętu jest nieodzowne dla osiągnięcia wysokiej jakości produkcji. Kamery o wysokiej rozdzielczości, odpowiednie obiektywy, mikrofony o wysokiej czułości, a także sprzęt do oświetlenia pozwalają na uzyskanie obrazu i dźwięku na najwyższym poziomie. Inwestycja w sprzęt jest inwestycją w jakość treści.

4) **Staranne montowanie materiałów**: Montaż materiałów to naturalny etap w procesie produkcji treści na YouTube. Staranne montowanie obejmuje składanie różnych ujęć, dodawanie efektów specjalnych, edycję dźwięku oraz dostosowywanie tempa narracji. Precyzyjny montaż sprawia, że treść jest klarowna, zwięzła i estetycznie prezentuje się przed widzami.

5) **Dbałość o detale**: Diabeł tkwi w szczegółach, jak mówi słynne powiedzenie. Obejmuje to sprawdzanie jakości dźwięku na każdym etapie, dbanie o spójność kolorów, a także staranne komponowanie kadru. Wszystko to wpływa na ostateczne wrażenie, jakie treść pozostawi u widza.

6) **Kreatywne wykorzystanie efektów wizualnych**: Dbałość o jakość produkcji nie oznacza jedynie realizmu. Kreatywne wykorzystanie efektów wizualnych, takich jak animacje, grafiki czy efekty specjalne, może nadać treści unikalny charakter. Odpowiednie i umiejętne ich stosowanie może wzbogacić treść, sprawiając, że jest bardziej przyciągająca dla widzów.

7) **Monitorowanie trendów wizualnych:** Stałe monitorowanie trendów wizualnych na platformie YouTube pozwala na dostosowywanie się do oczekiwań widzów. Dynamiczna natura internetu sprawia, że style wizualne mogą ewoluować, dlatego świadomość najnowszych trendów pomaga utrzymać treści wizualnie atrakcyjne i aktualne.

8) **Analiza i doskonalenie**: Ostatnim, lecz nie mniej ważnym etapem dbałości o jakość produkcji jest analiza i doskonalenie. Analiza statystyk oglądalności, feedbacku od widzów i świadome doskonalenie procesu produkcyjnego pozwalają na ciągły rozwój i utrzymanie najwyższej jakości treści.

Po opublikowaniu treści na platformie YouTube, kolejną czynnością jest aktywne śledzenie reakcji widzów. To obejmuje analizę statystyk oglądalności, liczby subskrypcji, a także reakcji w postaci komentarzy, polubień i udostępnień. To pierwszy krok do zrozumienia, jak treść jest odbierana przez widzów. Oprócz ocen i komentarzy na platformie, zbieranie bardziej szczegółowego feedbacku od widzów może pomóc zaistnieć. Ankiety, pytania na platformach społecznościowych, czy organizowanie sesji Q&A to skuteczne metody zbierania bezpośredniej opinii i sugestii od widowni.

Dane analityczne są skarbnicą informacji na temat zachowań widzów. Analizowanie danych, takich jak czas oglądania, współczynnik zatrzymywania się czy źródła ruchu, pomaga zidentyfikować mocne i słabe strony treści. To daje twórcy wgląd w to, co przyciąga widzów i co może być jeszcze ulepszone.

Monitorowanie reakcji i feedbacku pozwala twórcy zidentyfikować, co działa dobrze w treściach. To może obejmować pewne elementy wizualne, tematy, czy nawet styl prezentacji. Zrozumienie tych elementów pozwala na ich utrzymanie i rozwijanie. Równie ważne jak zrozumienie sukcesów, jest identyfikacja obszarów do poprawy. Komentarze od widzów często wskazują na konkretne elementy, które można ulepszyć, czy to w zakresie treści, czy samej produkcji.

Twórca treści na YouTube powinien aktywnie uczestniczyć w społeczności zbudowanej wokół kanału. Odpowiadanie na komentarze, uczestnictwo w dyskusjach czy organizowanie sesji live to sposoby na budowanie więzi z widownią i zdobywanie bezpośredniego feedbacku. Na podstawie zebranych informacji, twórca może bieżąco dostosowywać treści do oczekiwań widzów. To elastyczne podejście pozwala na szybkie reagowanie na zmiany w preferencjach czy opinii społeczności, co sprzyja utrzymaniu widowni. Monitorowanie reakcji i feedbacku to nie jednorazowe działanie, lecz ciągły proces doskonalenia. Autor, który regularnie zbiera i analizuje dane zwrotne, ma możliwość stale rozwijania swojego kanału, dostosowywania się do zmieniających się trendów i utrzymania wysokiej jakości treści.

Skuteczna promocja treści na YouTube: Klucz do zdobycia widowni

- **Wykorzystanie mediów społecznościowych**: Skuteczna promocja treści na YouTube rozpoczyna się od wykorzystania mediów społecznościowych. Dzięki platformom takim jak Facebook, Twitter czy Instagram, twórca może promować nowe treści, udostępniać kulisy produkcji, a także angażować się bezpośrednio z widownią. Regularne aktualizacje, ciekawe grafiki i interakcje z użytkownikami zwiększają zasięg i świadomość kanału.

- **Współpraca z innymi twórcami**: Współpraca z innymi twórcami to skuteczna strategia promocyjna na YouTube. Wspólna produkcja treści, wymiana udostępnień czy wspólne wydarzenia mogą przynieść wzajemne korzyści. To nie tylko poszerza zasięg kanału, ale także umożliwia dotarcie do nowych grup widzów zainteresowanych podobnymi tematami.

- **Optymalizacja treści pod kątem wyszukiwarek (SEO)**: Optymalizacja treści pod kątem wyszukiwarek (SEO) jest kolejnym elementem skutecznej promocji. Stosowanie odpowiednich słów kluczowych w tytułach, opisach i tagach treści sprawia, że są one łatwiejsze do znalezienia przez użytkowników. To z kolei przekłada się na wyższe miejsce w wynikach wyszukiwania i większy zasięg.

- **Kampanie reklamowe**: Płatne reklamy na platformie pozwalają na dotarcie do nowych widzów, szczególnie poprzez opcje takie jak reklamy TrueView czy reklamy na platformach Google Ads. Odpowiednie ukierunkowanie kampanii pozwala dotrzeć do docelowej grupy odbiorców.

- **Tworzenie ciekawych miniatur i tytułów**: Tworzenie grafik, które są atrakcyjne wizualnie, oraz tytułów, które są zarazem intrygujące, może sprawić, że treść zostanie zauważona wśród licznych innych filmów na platformie.

- **Udział w społecznościach niszowych**: Aktywny udział w społecznościach niszowych związanych z tematyką treści może być skuteczną formą promocji. Dzielenie się treściami, udzielanie się na forach czy grupach dyskusyjnych pozwala na dotarcie do osób zainteresowanych daną tematyką, co może przyczynić się do wzrostu widowni.

- **Kontynuacja promocji po publikacji**: Promocja treści nie kończy się w chwili publikacji. Kontynuacja działań promocyjnych, takich jak udostępnianie treści na różnych platformach, tworzenie krótkich fragmentów do udostępniania czy organizowanie konkursów, pomaga utrzymać zainteresowanie widzów w dłuższej perspektywie czasowej.

- **Analiza efektywności i dostosowywanie strategii**: Śledzenie statystyk, analiza danych analitycznych i feedback od widzów pozwalają na ocenę skuteczności działań i dostosowywanie strategii promocyjnej. Elastyczność w reagowaniu na zmieniające się warunki i potrzeby widowni jest kluczowa dla utrzymania i zwiększania widowni.

Zarządzanie kanałem

Planowanie harmonogramu publikacji to aspekt skutecznego zarządzania kanałem na YouTube. Twórca musi określić, kiedy i jak często będą publikowane nowe treści. Regularność publikacji pomaga w utrzymaniu zainteresowania widzów i budowaniu oczekiwań co do nowego materiału. Harmonogram publikacji może być dostosowywany do okazji specjalnych, sezonów czy trendów, co pozwala na elastyczność i reakcję na zmieniające się warunki.

Następnie analiza statystyk. Twórca musi monitorować różne wskaźniki, takie jak liczba subskrypcji, oglądalność, interakcje czy analizy demograficzne widowni. Dzięki analizie danych, twórca może zidentyfikować mocne strony kanału, zrozumieć preferencje widzów i dostosować strategię do ich oczekiwań. Stałe dostosowywanie strategii przyczynia się do utrzymania konkurencyjności i długoterminowego sukcesu kanału. Twórca powinien aktywnie odpowiadać na komentarze, reagować na pytania czy sugestie widzów, oraz angażować się w interakcje społecznościowe. Personalizowany kontakt z widzami buduje silne więzi i lojalność widowni. Organizowanie sesji Q&A, konkursów czy interakcji na żywo to również skuteczne metody budowania społeczności wokół kanału.

Treść powinna dostarczać wartość dla widza, odpowiadać na ich pytania czy potrzeby, oraz być dostosowana do preferencji widowni. Zrozumienie, kim są widzowie i co ich interesuje, pozwala na skierowanie treści w odpowiedni sposób, co z kolei wpływa na zwiększenie oglądalności i zaangażowania. Twórca musi być na bieżąco z wydarzeniami branżowymi, trendami społecznościowymi czy zmianami w algorytmach YouTube. Reagowanie na bieżące wydarzenia i dostosowywanie treści do panujących trendów pozwala utrzymać kanał w czołówce i zwiększyć zasięg treści. Zarówno jakość wizualna, jak i dźwiękowa treści są ważne dla przyciągania widzów i utrzymania ich uwagi. Używanie profesjonalnego sprzętu, staranne montowanie materiałów oraz dbałość o szczegóły sprawiają, że treści prezentują się profesjonalnie i są bardziej przystępne dla widza.

Oto kilka przykładów popularnych YouTuberów, którzy odnoszą sukces i generują znaczne dochody

PewDiePie (Felix Kjellberg): PewDiePie jest jednym z najpopularniejszych YouTuberów na świecie, znany głównie z treści związanych z grami. Jego zarobki są różnie szacowane, ale są to miliony dolarów rocznie.

Dude Perfect: To grupa twórców tworząca treści związane z różnymi wyzwaniami, sportami i sztuczkami. Ich kanał jest jednym z najbardziej dochodowych, a zarobki szacuje się na miliony dolarów rocznie.

Markiplier (Mark Fischbach): Markiplier jest popularnym twórcą treści związanym z grami wideo. Jego zarobki również są szacowane na miliony dolarów rocznie.

Jake Paul: Jake Paul jest twórcą treści związanych z rozrywką, grami i vlogami. Jego zarobki również są znaczące, choć konkretna kwota może się różnić w zależności od źródła informacji.

Warto podkreślić, że zarobki na YouTube mogą wynikać z różnych źródeł, takich jak reklamy, programy partnerskie, sponsorowane treści, sprzedaż produktów czy udział w różnego rodzaju projektach. Ponadto, wpływ na zarobki mają liczba subskrybentów, oglądalność oraz rodzaj treści tworzonych przez danego YouTubera. Zawsze należy pamiętać, że zarobki z

YouTube są uzależnione od wielu czynników i mogą znacznie się różnić w zależności od indywidualnej sytuacji każdego twórcy treści.

Osiągnij sukces w internecie!

Wraz z zakończeniem tej książki, otwierasz drzwi do nieograniczonych możliwości, jakie oferuje dzisiejsza era internetu. Dziesięć opisanych sposobów zarabiania w sieci stanowi jedynie wierzchołek góry lodowej, a Twój sukces zależy od determinacji, pasji i zaangażowania, jakie włożysz w realizację tych pomysłów. Internet stwarza ogromne pole do popisu dla tych, którzy są gotowi wykorzystać jego potencjał. Dzięki różnorodnym źródłom dochodu, od tworzenia treści na YouTube, przez udział w programach afiliacyjnych, po sprzedaż własnych produktów, każdy może znaleźć coś, co odpowiada jego umiejętnościom i pasjom.

Pamiętajmy, że podstawą do sukcesu jest nie tylko wybór odpowiedniej ścieżki, ale także systematyczna praca, nauka na błędach i rozwijanie umiejętności. Internet to dynamiczne środowisko, które ciągle się zmienia, dlatego elastyczność i gotowość do nauki są równie ważne, co pomysłowość. Niezależnie od tego, czy jesteś przedsiębiorcą, artystą, czy pasjonatem danej dziedziny, ta książka miała na celu dostarczyć Ci inspiracji i praktycznych wskazówek, jak przekształcić Twoje marzenia w realne dochody. W 2023 roku, era internetu oferuje nam nie tylko narzędzia do zarabiania, ale także społeczność gotową wspierać naszą drogę. Pamiętaj, że każda podróż zaczyna się od **PIERWSZEGO KROKU**. Dlatego właśnie teraz, z natchnieniem i wiedzą z tej książki, stajesz na progu swojej własnej drogi ku sukcesowi w świecie internetu. Trzymaj się mocno swoich celów, pracuj wytrwale i niech ta era internetu przyniesie Ci nie tylko finansowy sukces, ale także satysfakcję z tego, że realizujesz swoje pasje i marzenia.
Życzę Ci niezapomnianej podróży i spektakularnych osiągnięć w świecie zarabiania w internecie!